安藤組幹部
西原健吾がいた

花と銃弾

向谷匡史

青志社

安藤組幹部
西原健吾がいた

花と銃弾

目次

第三章　薫風《くんぷう》

第四章　疾風《はやて》

第五章　花《はな》の露《つゆ》

プロローグ

平成二十七年秋口——安藤さんが亡くなる三カ月前のことだ。

ご自宅で昼食をともにしたあと、安藤さんはコーヒーを口に運んで、ポツリとつぶやくように言った。

「俺はね、組員のなかで、西原を一番可愛がっていたんだ」

西原とは、元安藤組幹部・西原健吾のことだ。昭和三十九年十一月七日夜、青山のレストラン『外苑』で話し合いの最中に射殺され、三十一歳の若さで逝った。

私は安藤さんと「安藤昇事務所」（九門社）を立ち上げ、秘書役として映画や書籍関係の仕事に二十余年携《たずさ》わってきたので、西原健吾については、安藤さんの口から折りに触れて話は聞いていた。

だが、「一番可愛がっていた」という言い方をするのは初耳のことだった。好悪を決して口にせず、人に平等に接する安藤さんには珍しいことだった。

安藤さんが、問わず語りに続ける。

「西原は快活で、素直な男でね。彼が大学の空手部にいたころだけど、〝あそこにいるヤクザもんをブッ飛ばしてこい〟って言うと、タタタと走って行って、ババババッってやっつけちゃうんだ。ケンカ、強かったね。俺が着ていたオーバーをプレゼントしたらとても喜んでくれてさ。西原の嬉しそうな笑顔をいまも覚えている。

葬儀が終わってから、墓参りに彼の郷里に行ったんだ。墓所に杉の木を植樹した。あれから五十年……。杉の木は、いまどうなっているのかな」

遠い記憶をまさぐるような言葉だった。

本書『花と銃弾』は、このときスタートした。


花形敬が刺殺されるのは、安藤さんが前橋刑務所を出所する一年前のことだった。出所した二カ月後に、同じく幹部の西原が射殺される。くわしくは本文に記したが、西原は花形の〝非公式〟の舎弟だった。だから「兄貴」と呼ばず「敬さん」と呼び、花形は「健坊」と呼んだ。

安藤組は、戦後の混乱期から高度経済成長へと向かう激動の昭和三十年代を疾風のように駆け抜け、いまも伝説となって書籍に映画に語られる。だが、花形がいなければ、西原がいなければ、果たして安藤組は伝説になっただろうか。

安藤さんが服役して渋谷は抗争が激化する。カリスマを欠いた安藤組は統制が乱れ、迷走していく。その安藤組を支え、激死したのが西原だった。

花形を亡くし、西原を亡くし、安藤さんは組の解散を決意する。

「これ以上、若者の血を流させるわけにはいかない」

と語った心情は、長年そばにいた私にはよくわかる。


取材の過程で、日本人空手家としてムエタイに初挑戦したのが西原であるという興味深い事実も知った。昭和三十三年二月二十二日、空手着を着用してバンコクのルンピニー・スタジアムのリングに上がり、ムエタイのチャンピオンと対戦している。一般国民の海外渡航が政府によって厳しく規制された時代であることを考えれば、童顔の下に息づく西原の気性の激しさがうかがえるだろう。試合の詳細は、写真と一緒に本文に紹介したが、この四カ月後、安藤さんは横井英樹襲撃事件を起こし、安藤組は激動の第二幕を迎える。

安藤組末期、幹部の多くが一定の距離を置くなかで、西原と花形は踏みとどまった。〝孤高のケンカ師〟である花形に対して、安藤さんに可愛がられた西原はその薫陶《くんとう》を受け、近代的な感覚を身につけていた。ケンカが強いだけでなく、聡明で、人望もあり、社会の表裏に幅広い人脈を持っていた。花形が刺殺され、安藤組はさらに混迷を深めていくなか、組を見限ることは容易にできた。

だが、西原はそうはしなかった。

安藤さんは、こんな言い方をした。

「いつか西原に言ったことがあるんだ。〝自分の人生は、人様に背負《しょ》ってもらうわけにはいかねぇんだぜ〟ってね。そしたら〝押忍《オス》〟って目を輝かせてさ。俺が出所してまもなく、組に殉じて銃弾に倒れた。うまく立ち回ることもできただろうに、一本気なんだね。西原は安藤組の十年を疾風のように駆け抜けて行ったんだ」

人は人のために死に、「風」になることができる——。本書は、安藤組の光芒を西原健吾から書き起こした物語である。

向谷匡史

第一章

青嵐《あおあらし》

一　西原健吾十八歳、花形敬二十二歳

昭和二十八年四月――。

渋谷駅のハチ公を背に、國學院大學の入学式を明後日にひかえた西原健吾が、涼風に背を押されるようにして、夕暮れの道玄坂を軽快な足取りで上っていく。歩道を埋め尽くした夜店の裸電球の下で、勤め帰りの人たちが賑やかにコップ酒を飲《や》っている。

焼き鳥の匂いを嗅ぎながら喧噪のなかを五分ほど行くと、道玄坂をはさんで左手に東宝映画劇場が見えてきた。上京前に確かめた地図では、この先――台湾料理店『麗郷』をすぎた右手に、「百軒店《ひゃっけんだな》入口」と大書したアーチが現われるはずだった。受験で上京したときは時間がなく、渋谷を見物することができなかった西原は、百軒店へ行くことを心待ちにしていた。

百軒店は渋谷を代表する盛り場だ。五間幅の通りを中心に細い道が縦横に走り、バー、クラブ、喫茶店、食堂、さらにテアトル渋谷など、テアトル興行系の映画館三館が建ち並ぶ。その

名のとおり、店舗数は大小百軒を超える大歓楽街で、その奥が渋谷の奥座敷と言われる円山花《まるやまはな》街《まち》だった。

西原はアーチをくぐって、少し緊張しながら石畳の百軒店を歩いて行く。

いきなり背後から、女の声で英語が飛んできた。

「ショートタイム、ワンターザン！」

驚いて振り返ると、バーのドアを半分開けた女がGＩに声をかけていた。

「ワンターザン？」

「イエス」

真っ赤な唇が笑う。

「オーケー！」

GＩが店に消えた。

「ワンターザン」はone thousand——千円であることは英語を得意科目とする西原にもわかったが、女の発音は実戦仕込みだった。昨年——昭和二十七年四月、日本はサンフランシスコ平和条約によって国連軍の統治から独立を果たしたが、日米安全保障条約によってアメリカ軍は引き続き駐留し、ここ渋谷だけでなく、都内の盛り場はそこかしこで米兵たちが遊んでいた。地廻りや不良グループと彼らのケンカは毎夜のことで、発砲騒ぎは日常のものだった。

これにヤクザ同士の抗争が加わる。女の嬌声と、男の怒声——それが百軒店の喧噪だった。

♪　ロ～ォイド眼鏡に、燕尾服ゥウゥ……。

鶴田浩二が唄って大ヒット中の『街のサンドイッチマン』が路地裏から聞こえてくる。酔っ払いだろう。調子外れのダミ声だ。どうも、ここは自分には場違いなところかもしれない。西原は不安にかられ、帰ろうか——そう思って足を止めたところへ、

「よう」

と、低い声に呼び止められた。

路地裏から四人の若者が姿をあらわす。十代の後半か。マンボズボンをはいて、リーゼントをポマードで固め、テカテカに光らせている。

「どこへ行くんだよ」

ノッポが肩を揺すりながら進み出て、巻き舌で言う。

「いえ、特に行くあては……。あのう、もう帰ろうかと思って」

「なに言ってんだ。せっかく百軒に来たんじゃねぇか。しっかり遊んで行きなよ」

「いえ……」

「まあ、そう言わないでよォ」

ニタニタ笑いながら、四人が取り囲むようにして、後じさる西原を路地裏へ追い込んでいった。

連中は、西原が百軒店入口のアーチを物珍しそうに仰ぎ見ているときから目をつけていた。

学生服に、真新しくて白いズック。この時期、地方から大学へ入学してくる〝おのぼりさん〟

の定番スタイルで、不良たちにとって絶好のカモだった。まして、目の前の学生は童顔の丸顔で、笑顔が似合うタイプ。ちょいと脅してやれば、土下座して有り金を置いて行くことだろう。

「で、どうするんだ？　カネ出してゴメナサイするか、ハンペンになるか、どっちでも好きなほうを選びな」

ノッポが目を三角にして凄み、左手の小柄な男がチェーンを鳴らした。

西原の心臓が早鐘を打つ。

〈逃げるなら右手だ〉

咄嗟に判断した。

高校時代、ラグビー部の選手だった。身体も172センチありガッチリとした体躯《たいく》だった。タックルには自信がある。右手の男を跳ね飛ばして全速力で駆ければ何とかなる。二歩の距離。西原は腰を落とすや、右手の男に強烈なタックルをかました。男が小料理屋の看板まで吹っ飛ぶと同時に、西原がダッシュした。

「てめぇ！」

三人があとを追う。行き交う大人たちは無関心で道をよける。誰も助けてはくれない。路地が入り組み、四方八方に延びて走っている。西原に土地勘はもちろんない。

〈どっちの路地か！〉

四つ角にさしかかるたびに迷い、あせり、背後に迫った連中を振り返ったとき、路地から出てた男にぶつかった。

西原が弾き飛んだ。

男は百八十センチはあるだろう。二十代半ばか。白いスーツにソフト帽をかぶり、縁なし眼鏡を掛けている。顔を走る幾筋もの疵《きず》が外灯に浮かび上がる。追ってきた不良たちが、

「あッ！」と声にならない悲鳴をあげ、顔を引きつらせてその場に凍りついている。

西原が立ち上がり、男の背後に身を寄せる。

「坊や、助けて欲しいのか？」

物憂《ものう》いような声で言った。

「お願いします、助けてください！」

叫んだとたん、頬に平手打ちが飛んできた。唖然として頬を押さえる西原に、男は刺すような鋭い視線を投げかけて言う。

「坊や、男は命乞いして生きていくもんじゃねぇんだ」

帽子の鍔《つば》に指をやって曲がりを直すと、男がゆらりと歩き出す。不良たちが路地の両脇に背を向け、へばりつくようにして道をあけた。

男の姿が見えなくなると同時に、不良たちは西原を袋叩きにして、財布を巻きあげた。路地でのたうちながら、西原の頭のなかで、白いスーツの男が言い捨てた言葉がいつまでも反響していた。

西原健吾十八歳、そして花形敬二十二歳――。運命の出会いは、こうして静かに幕を開ける。

二　安藤昇――。新しき時代の象徴

國學院大學は渋谷駅南口から徒歩で十五分ほどの場所にある。駅前は復興が急ピッチで進み、重機の音が絶え間なく響いていたが、大學の周辺は屋敷町になっているため、閑静で、木々の新緑が朝日に映えて清々しかった。

学生服姿の西原が、若木ヶ丘のなだらかな坂を正門に向かってずんずんと歩いて行く。両目に〝青タン〟をつくり、唇が切れて腫れ上がっている。入学式は欠席しようかと思ったが、白いスーツの男の言葉が脳裏をよぎり、奮起した。

「命乞いをするな」

という言葉を二晩、寝床で噛みしめているうちに、心の裡《うち》で何かが弾けた。生来の負けん気に、屈辱が火をつけたということになるだろうか。下宿屋のおばさんが心配したが、大学の相撲部に体験入部してきたのだと、これは咄嗟の嘘でごまかした。

式の開始まで時間があったので、キャンパスをブラつく。武道場の外で、稽古着に黒帯を締めた上級生が、板に巻きつけた荒縄を拳で一心不乱に突いていた。

「新入生か？」

西原に気づいて手を止めた。

「はい。空手の稽古ですか？」

「うん。拳を鍛えるんだ」

と言って、タコで盛りあがった拳を突き出して見せた。

「すごい！　瓦《かわら》、割れますね」

「レンガだって割れる」

「空手を習うと強くなれますか？」

「その〝青タン〟、どこでやられた？」

上級生が四角い顔をほころばして言った。

「百軒店で」

「悔しいか？」

「はい」

「よし、今日からおまえは空手部だ」

有無を言わさぬ口調で言って、肩をポンポンと叩いた。

上級生は四年生で、空手部を創設した初代主将の小倉基《もとい》だった。小倉は卒業後、國學院ＯＢの代議士・岡崎英城の秘書を経て政界に進出。都議会議長、渋谷区長を歴任する。岡崎代議士は内務省時代の警察官僚出身で、警察関係に顔がきくなど表裏に通じた人物だった。西原を安藤昇に引き合わせるのは、やはり國學院OBで、岡崎の事務所に出入りしていた太田新造である。人生に「もしも」を問うのは意味のないことと承知しながらも、もしもこの日、西原が入学式を欠席していたなら、もし小倉と出会うことがなかったなら、空手部に入部することもなく、したがって太田とも知り合うことなく、安藤組にも無縁であったかもしれない。

いや、それより何より、百軒店に行かなければ、花形に頬を張られなければ、西原の人生はまったく違ったものになっていただろう。

これを運命のいたずらと見るか、人生は生まれたときから行く末が定まっているものと見るかは人生観による。だが、どんな人生観を持っていようと、人生は己の意志と関係なく廻っていくのだ。

空手部の新入部員は六十余名を数えた。毎年のことだが、夏までに半数以上がケツを割り、一年後に残るのはわずか数名。それほどに稽古は厳しく、先輩の突きを顔面に入れられて歯は飛ぶ、鼻は曲がる。胸に食らえば肋骨を折るし、蹴りを受け損なえば腕や指を骨折する。先輩には絶対服従で、稽古を休むとシゴキが待っている。

それでも、稽古が終われば、先輩に率いられて渋谷の盛り場に繰り出す。二手に分かれ、酒飲みは酎友会《ちゅうゆうかい》、食い気専門は餃好会《ぎょうこうかい》と称した。「餃」は「餃子」から取ったもので、「餃子で精をつけてナンパする」という学生一流のシャレであった。

入学して一カ月が過ぎ、連休を前にした日曜日の夕刻、西原は渋谷の宇田川町をブラついていた。久しぶりの息抜きだった。前方から腹を突き出した男が歩いて来る。空手部で一代先輩の山下哲だった。

「押忍《おす》！」

西原が立ち止まって頭を下げた。山下はもっぱら応援団で活躍していたため、西原は顔を知っている程度だった。気のいい性格らしく、先輩も同僚も親しみをこめて「哲ちゃん」と呼んでいたが、派手な服装《なり》は学生には程遠く、どこから見てもヤクザだった。

「西原、だったか？　つき合えよ、飲みに行こう」

返事も待たず、山下が先に立って歩きはじめた。

宇田川町のビルの地階にあるトリスバーに入ると、山下はハイボールを注文し、西原もそれに習った。

「おまえ、小倉出身なんだってな。俺は鹿児島だ」

ヤクザ口調の巻き舌で、山下が言った。

「うかがっております」

「入学前に百軒店で恐喝《カツアゲ》されたそうじゃねぇか」

「押忍」

「あそこは不良やヤクザの根城なんだ。細い路地が迷路になってんだろ？　刑事《デカ》に追われても逃げられる。それに、入ってくるときは道玄坂のアーチのところだからよ。ここにシキテン（見張り）切らしてりゃ、すぐにわかる」

「先輩、くわしいですね」

「あたぼうよ」

山下は鼻で笑い、ひと呼吸置いてから、

「俺は安藤のところにいるんだ」

と言って胸をそびやかせたところが、

「安藤って、安藤組のことですか？」

拍子抜けする言葉が返ってきた。

「知らねぇのか、渋谷を仕切っているんだぜ」

山下が目を剥いて言った。

空手部の先輩たちが飲み屋で安藤組を話題に出すことがあったが、上京してまもない西原にはよく理解できていなかった。山下もそれを察したのだろう。

「安藤組はインテリヤクザなんだ。安藤昇も法政中退。特攻隊帰りだ。いい男だぜ。幹部たちの制服、見たことあんだろ？　グレーのジャケットに黒いネクタイを締めて、胸にAのバッジ……。カッコいいよな。そんじょそこらのヤクザもんとはワケがちがう」

「すみません。制服にはちょっと気がつかなくて……」

「そうかい。ま、幹部は数が少ねぇからな」

ひとりでうなずいて、ハイボールを口にはこんだ。

この夜は遅くまで、安藤昇や、大幹部の花形敬という人物について、山下は憧憬の言葉で語って聞かせた。だが、所詮、ヤクザはヤクザじゃないか。西原は飲み慣れぬハイボールに、朦朧《もうろう》とする頭のなかでつぶやいていた。


山下と飲んで一週間後の昼下がり、西原は道玄坂下の本屋にいた。日曜日なので久しぶりに映画でも観ようかと思ったが、百軒店界隈に行くのは気乗りしなかった。それで本屋に入り、雑誌をパラパラと立ち読みしてから外へ出たところへ、

「安藤昇が来るぞ！」

不良が叫んだ。

歩道の人だかりが道玄坂を見上げるようにしている。真っ白いスーツに身を固めた男二人が肩を並べ、背後にグレーのお揃いを着た数人をしたがえて、坂をゆっくりと下ってくる。西原はもちろん知らないが、このころ安藤は多忙をきわめ、都内を飛びまわっていた。渋谷に顔を見せることがめったになく、たまに立ち寄ると、「安藤さんが来ている！」という情報が、不良やヤクザの溜まり場に瞬時に走る。

「どこだ?」

「道玄坂」

と聞くや、カリスマをひと目見ようと、店を飛び出していくのだった。

不良やヤクザが歩道を大きく開けて最敬礼するなかを、安藤たちが下っていく。異様な光景に一般市民も足を止め、「あれが安藤昇だ」とささやく。安藤昇が渋谷を歩くと、こうして人だかりができていくのだった。

戦後の混乱期、戦勝国民を標榜する台湾系や韓国系が闇市を仕切った。我が物顔で闊歩し、乱暴狼藉をはたらいた。占領政策によって手足を封じられた警察は無力で、代わって立ち上がったのがヤクザだった。闇市をめぐる利権争いが背景としてあったが、同じ日本人として、彼らの横暴を見過ごすことができなかったことも事実だった。ヤクザが肩で風切って歩き、世間が力の象徴としてそれを容認したのは、こうした時代を抜きにしては語れまい。

西原の目の前を安藤たちが通り過ぎていく。無言の、端正な横顔。安藤の全身から発するオーラに、西原は身震いした。力だ。戦後の混沌から抜け出そうと、日本中がもがいた時代。古い殻を打ち破り、新たな時代を切り拓こうとすれば、頼れるのは自分の力しかない。安藤昇は戦勝国民に牙を剥き、既存のヤクザ組織に挑む。安藤組は盃をかわすわけではない。疑似家族制でもない。刺青も、断指も禁じた。そして、アメリカナイズされたおしゃれな制服。若者たち――それも大卒や中退などインテリ学生たちが安藤昇と、彼が率いる安藤組にあこがれた

渋谷を制した男

安藤昇

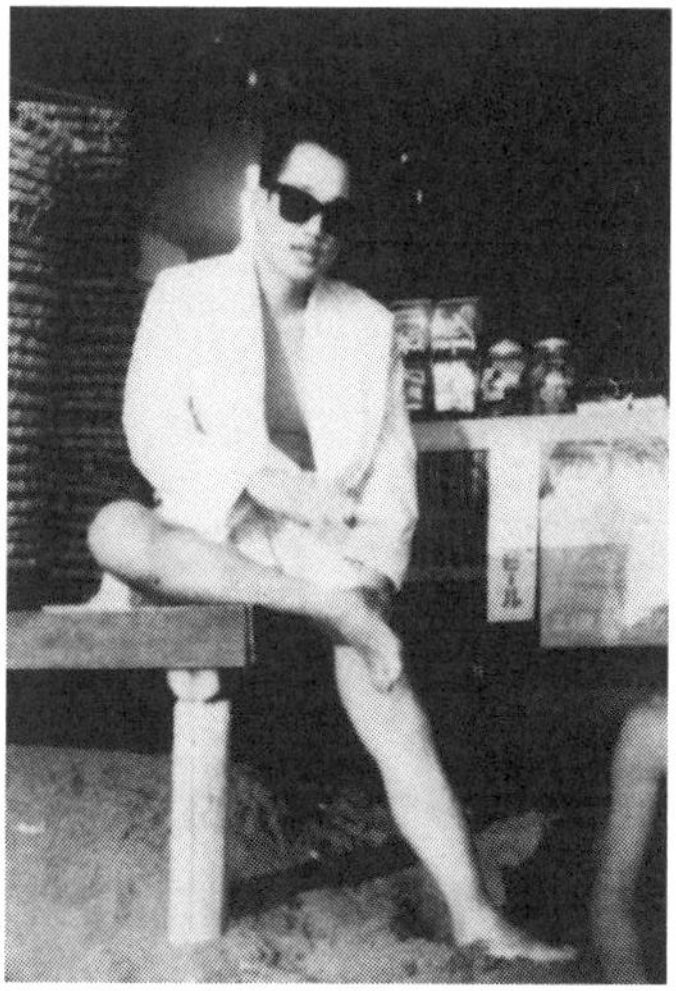

花形敬

のは、新しい時代の象徴として見たからではなかったか。西原自身は気がついていないが、彼が安藤に見たオーラは、我が身の投影でもあった。

安藤昇と並ぶ大柄な男が、西原の前を通り過ぎていく。ソフト帽に指をかけた。

「あッ！」

西原が小さく叫ぶ。

百軒店で頬を張った男だった。「坊や、男は命乞いして生きていくもんじゃねぇんだ」と言い捨てた言葉が脳裏をよぎる。この男だ。この男が花形敬にちがいない。先夜、山下哲の話から、西原は確信した。

花形が西原を見た。

いや、西原の錯覚かもしれない。花形は無言のまま、安藤と同じように前方に遠く視線を投げかけながら、ゆっくりと通り過ぎて行くのだった。

三　攻めるに易き街、渋谷

このころ渋谷を本拠地とする主要組織は、博徒の落合一家、テキヤの武田組、そして愚連隊あがりの安藤組の三団体だった。これらに台湾系、中国系、韓国系の各グループ、さらに組織に属さない不良たちが群雄割拠《ぐんゆうかっきょ》していた。

渋谷はもともと落合一家の縄張《シマ》で、武田組とは稼業違いということから共存共栄をはかってきたのだが、敗戦によってそれまでの秩序はご破算になり、裏社会は弱肉強食の戦国時代に突入する。そこへ〝時代の申し子〟として登場したのが安藤昇で、台風の目となって渋谷の街を席巻していくのだ。

安藤が渋谷に根を下ろすのは、特攻隊から復員して法政大学予科に進学したことがきっかけだった。当時、法大予科は渋谷を起点とする東横線の工業都市駅にあり、乗り換えで乗降するうちに渋谷で遊ぶようになっていく。

生家が新宿の大久保にあったことから、安藤は地元で不良グループを率いていたが、新宿は激戦区で、テキヤと博徒が入り乱れるようにしてシノギを削っていた。西口に安田組、東口に尾津組、野原組、武蔵野館裏に和田組がそれぞれマーケットを構える一方、池袋に本拠を置く極東組も新宿に勢力を伸ばす。博徒系では博労会河野一家、分家前田組、博徒小金井一家などが大きく構えている。加えて、不良たちが徒党を組んで暴れまわっている。安藤が渋谷に舞台を移したのは、「攻めるに易《やす》き街」と考えてのことだった。

同じ九州出身ということで、西原健吾は山下哲から飲みによく誘われた。肩で風切って歩く山下も、ヤクザ兄ィとすれ違うと一転、辞を低くして挨拶するが、そのたびに「いまのは××のさんだ」と名前を口にして顔の広さを自慢して見せる。ハッタリと世渡りには長けていた。

ち、山下は西原の〝相談役〟になるのだが、このころはまだ安藤組の末端に棲息する不良学生にすぎなかった。

花形が控訴棄却によって宇都宮刑務所に落ちていったことは、山下から聞いた。「人斬りジム」と異名された白系ロシア人ヤクザに対する傷害致死罪だった。百軒店でケンカになり、ジムが斬りかかった日本刀を花形が奪い取って、左肩口から右脇腹にかけて斬り下げたという。ジムはその三日後、傷口から細菌が入り、破傷風で死ぬ。花形は正当防衛を主張して争ったが棄却になった——と山下は解説した。

〈花形が日本刀を振りかぶったとき、ジムは〝命乞い〟しなかったのだろうか？〉

花形の顔を思い浮かべて、ふとそのことが気になった。

「先輩、ジムは〝助けてくれ〟って懇願しなかったんですかね」

「したってだめさ。敬さんを怒らせたら、いくところまでいっちゃうから」

と言って、花形がいかに怖くて、ヤバくて、強い男か、山下はいくつものエピソードで語ったが、ジムが〝命乞い〟をしていたら花形は助けたのではないか——西原はそんな思いがするのだった。

秋口の深夜、西原は山下と百軒店を歩いていて、不良グループ四人を目に止めた。マンボズボンに、ポマードで固めたリーゼント。

〈奴らだ！〉

西原の血が騒いだ。

これから先、渋谷の街を胸を張って歩くには、連中にケジメをつけておかなければならない。入部して五カ月に満たない白帯だが、毎日の激しい稽古に耐え、石川県七尾温泉での厳しい夏合宿を乗り切ったという自負があった。

「先輩、ここでちょっと待っててください」

と告げると、四人の前に回り込み、両手を大きく広げて通せんぼした。

「なんでぇ、てめぇ！」

咄嗟に身構えたノッポが、すぐに西原の顔に気づいた。

「おまえ、あのときの学生《セイガク》じゃねぇか」

ニヤリとして、

「律儀じゃねぇか。カネをもらって欲しくて来たらしいぜ」

と言って仲間たちを振り返る。

下卑た笑いが起こり、小柄がチェーンを取り出そうとした刹那、西原の前蹴りが金的に飛んでいた。身体をくの字に折り曲げてその場に崩れる。ノッポが身構えるより早く踏み込んで水月《みぞおち》に渾身の逆突きをネジ込み、同時に右の男の顎に足刀を跳ね上げるや、その足刀を下ろすことなく後ろ回し蹴りにして、最後の男の後頭部に見舞った。

山下は目を見はった。応援団の活動が中心で、山下はこのところ空手部の稽古に顔を出すことはなかったが、西原の成長ぶりについては耳にしていた。高校時代はラクビーの選手だけあって、筋肉質で技に瞬発力があるだけでなく、負けん気の強さには手を焼くと上級生たちがボヤいていた。

だが、目の前で見た西原の技と動きは天性のものだ。山下は当時、空手二段。その目は西原の非凡なる才能を見抜いていた。空手部の自由組手では、先輩たちに遠慮もあってセーブしているのだろう。西原の空手は、上手でも強いのでもない。凄味があるのだ。

山下が、地べたに倒れて苦悶するノッポの頭を足で踏んづけて言った。

「俺は安藤のところの山下だ。茶飲み話がしたくなったら、いつでも来な」

西原に顎をしゃくって百軒店をあとにした。

「安藤の名前を出しときゃ、面倒なことにゃならねぇだろう。安藤の名前は、不良どもにゃ、ペニシリンよりよく効くんだ」

当時、もてはやされた抗生物質のペニシリンを持ち出して、山下が笑った。

西原の実力を目の当たりにした山下は、西原を重宝し、用心棒として連れ歩くようになった。山下は不良学生たちを相手に麻雀でメシを食っており、〝積み込み〟などイカサマが発覚したときのためだった。渋谷には國學院のほか青山学院、国士舘、明治大学、東大駒場、日体大、さらに渋谷駅を経由して慶応など多くの大学があるほか、他の街からの遠征組もいて、学生たちで賑わっていた。

ただし、大学生とは言っても、戦後の混乱期とあって復員学生なども多く、四十代の妻子持ちもいる。前歴もいろいろで、陸軍や海軍の佐官クラスまで混じっていた。わけありが少なく、したがって家庭のことをあまり話したがらず、お互い気をつかって問うことも話題に出すこともなかった。不良学生ともなればフトコロにドスを呑んでいる。組織に所属していないだけで、ヤクザと変わらなかった。

だから麻雀でモメると修羅場になる。

「てめぇ、イカサマやりやがったな！」

卓をひっくり返すなり、山下はドスで斬りつけられたこともある。拳銃《ハジキ》をブッ放され、弾が頬をかすったときは命が縮む思いがした。このとき山下は咄嗟に安藤組を名乗ったが、相手はハッタリだとナメてかかった。安藤組の看板を出して安目を売ったということで、山下はあとで先輩組員にシメられてしまった。

だから、西原は重宝なのだ。相手がドスを抜く前に、得意の蹴りを飛ばしてくれる。床に這いつくばらせておいて、お得意のタンカ——「俺は安藤のところの山下だ。茶飲み話がしたくなったら、いつでも来な」を口にして、相手はおそれ入ることになる。

師走の夜、麻雀で大勝した山下は、西原を連れて宇田川町のスタンドバーで一杯やっていた。上機嫌の山下を見て、西原は思い切って切り出した。

「先輩、安藤昇に会わせていただけませんか？」

山下は飲みかけたハイボールをノドに詰まらせ、咳き込んだ。

「なんでぇ、藪から棒に」

「このまま大学にいてもしょうがないような気がするんです」

「どうして」

「四年生の先輩方もなかなか就職が決まらず、ご苦労なさっているじゃないですか。大学を出たからって、この先、どうにかなるものでもなさそうだし……。」

「なるほど。で、いっそのことヤクザになるってか？」

「いえ、そういうわけでは……。うまく言えませんが、安藤昇のような生き方もあるんじゃないかと」

「バカ野郎。おまえが安藤のようになれるわけがねぇだろ」

「わかってますよ。ただ、そんな生き方もあるのかなって……。安藤昇に会って話をしてみたいんですよ」

安藤組は正式名称を東興業《あづま》という。「東男《あづま》に、京女《きょう》」から取ったもので、男は粋《いき》でたくましい江戸っ子がよく、女はしとやかで女らしい京都の女がよいという意味だ。粋を好む安藤らしい命名だった。東興業は株式会社として正式登記され、業種として不動産売買と興行を定款《ていかん》に記載した。旧態依然としたヤクザ組織からの脱却——。それが安藤がめざしたものであることを西原は聞きかじりで知っており、安藤の生き方に興味を持ったのだった。

山下はあきれた。組員でさえ、安藤は直接口をきける相手ではない。幹部にしても、安藤と面と向かったときは「社長」と呼ぶが、幹部同士で安藤のことを話題にするときは、

「これがさ」

と、人差指で左頬をスーッと撫でる仕草をする。安藤の左頬にドスで斬られた傷を指してのことで、名前を口にすることすら、おそれ多くてはばかった。それほどのカリスマ性をもっていた。

その安藤昇と会って話をしてみたいと言うのだ。もの怖《お》じしないのか、鈍感なのか……。山下はあきれたが、もとより安藤を紹介できる立場にない。先輩に相談でもしようものなら、その場で張り倒されるだろう。

「健吾よ」

と、名前で呼んで、

「安藤昇にゃ、そう簡単に会えないんだ」

山下はそう言うしかなかった。

店を出ると、ジングルベルの音楽が街にあふれている。クリスマスを前に、酔った米兵たち

が陽気に騒いでいる。宇田川町は区画整理の真っ最中で、路地が入り組み、キャッチバーや暴力バーが軒を連ね、妖《あや》しげで混沌とした熱気は「渋谷のカスバ」と呼ばれた。

　今夜もそこかしこでケンカが起こるだろう。

「もう一軒どうだ？」

　山下が誘った。

「いえ、今夜はこれで失礼します」

「そうか。じゃ、またな」

　西原が頭を下げ、山下の後ろ姿を見送ってから渋谷駅に向かった。派手な服装《なり》をしたヤクザが肩で風切って歩いている。ホステスたちが道行く客に嬌声を投げかけ、キャッチが袖を引く。自分は何しに東京へ来たのだろう。西原は自問する。日本が出口を求めてもがいていた時代。刹那を生きる若者に、自分の未来像を描くことはできなかった。

四　童顔の中の精悍さ

　年が明けて一月下旬——。
　西原は、卒業を控えた初代主将の小倉基に誘われ、百軒店のクラブで飲んでいた。小倉は旧制中学時代、空手を日本に伝えた船越義珍の松濤館道場に通っていたことから、空手歴も長く、腕も立つ。性格も太っ腹で、西原は尊敬していた。自分が空手部に入るいきさつからして、小倉先輩には縁のようなものを感じていた。

「西原、あとを頼んだぞ」

「押忍」

「ただし、先輩を盛り上げるのを忘れないようにな」

と笑ったところへ、太田新造がひょっこり顔を見せた。

小倉が挨拶して、

「西原、國學院OBの太田先輩だ。自民党青年部の関係で活躍されていて、うちの岡崎がたいへんお世話になっている」

と紹介した。三十前後か。腹がでっぷりとしていて、長く伸ばしたもみあげが印象的だった。

岡崎とは岡崎英城代議士のことだ。昨年——昭和二十八年四月十九日に行われた第二十六回衆議院議員総選挙で東京四区から初出馬して落選。このときは浪人中で、小倉は秘書になることが決まっていたことから太田を過分に持ち上げたのだった。

「太田先輩、この西原はウチの空手部で、今度二年生になりますが、強いですよ」

小倉が言うと、

「そうか。じゃ、卒業したら、誰か代議士の秘書役に紹介するか」

太田が笑って、品定めするように西原を見た。武闘派の学生はヤクザ然とした風貌が多いものだが、西原は童顔のなかに精悍さが漂っている。

「目がいいな」

といった言い方をした。

小倉も悪い気はしない。

「西原、太田先輩は顔が広いから、何かあれば相談するといい」

と取り持ったとき、西原にピンとひらめくものがあった。

「太田先輩」

「何だ」

「安藤昇、知っていますか？」

唐突な言葉に小倉は驚いたが、太田はこともなげに、

「よく知っている」

と答えた。

「会わせていただけませんか？」

「会ってどうする」

「話をします」

「何の？」

「ヤクザについて」

「おまえ、面白いこと言うな。よし、会わせてやろう」

太田が笑った。

多忙な安藤に引き合わされたのは、それから一カ月ほどが過ぎた二月の頭だった。

昼過ぎ、太田に伴われて、青山通りに面したビルの三階にある安藤組の事務所を訪ねた。ドアを開けると八坪――十六畳が事務室になっていて、スチール製の机が七つほど並べて置いてある。当時、スチール製の机はまだ珍しく、新しい時代を先取りする象徴のようで、西原は目を見はった。

組員たちに挨拶され、奥に続く社長室に通された。敷き詰められた緑の絨毯《じゅうたん》は厚く、足が沈むほどだった。部屋の隅には緋縅《ひおどし》の大将の鎧兜《よろいかぶと》と陣太刀、ガラス張りの窓際には鳥籠が置いてあり、カナリヤが囀《さえず》っている。

窓から渋谷の街を見下ろしていた安藤が、社長机の椅子をクルリと回転させて立ち上がった。グレーのスーツに真っ白いワイシャツ、そしてネクタイは濃紺の無地。アメリカの一流ビジネスマンを思わせた。西原が安藤組に入ろうと決心したのは、このときであった。

「さ、どうぞ」

と、安藤がソファを勧め、向かい合って腰を下ろした。安藤の隣に島田宏が座る。島田は新宿で不良をやっていたときからの舎弟で、安藤の参謀であり、組の知恵袋でもあった。

組員がコーヒーをテーブルに置くのを待って、太田が西原を紹介すると、

「俺に会ってどうしようというんだ？」

安藤がおだやかな口調で問いかけた。

「組に入れてください」

「いいことは何もないぞ」

「承知しています」

「ハッキリ言うな」

もの怖じしない学生に、安藤が興味をもったのだろう。

「ヤクザになってどうする気だ」

と、話を継ぐと、

「路地の裏口から入って、玄関から広い表通りに出ます」

笑顔で言った。

「なんだ、それ」

「ヤクザは裏口です。まずヤクザになり、力を蓄え、その力を利用して今度は玄関から堂々と実業界に出て行きます」

「どこでそんなことを考えたんだ」

「たったいまです」

安藤が思わず吹き出した。熱弁をふるうと思っていただけに肩すかしをくらったが、この呼吸は天性のものだろう。どうやら頭も切れるようだ。空手部にいて、ケンカの腕も立つと太田から聞いている。

〈この学生、役に立つかもしれない〉

と、安藤の人物眼は見抜いていた。

「大学はどうする？」

「辞めます」

「卒業しておけ。卒業したら正式に入れてやる。それまで遊びに来ていればいい」

「卒業するまでは？」

「仮免だ」

「押忍！」

弾む声に、太田は複雑な顔をした。小倉の手前もあり、自分の顔の広さを見せようと安藤に会わせただけで、自分の〝兵隊〟として使うつもりでいた。まさかこの場で安藤組に入ろうとは思いもしなかったのである。

「面白い男ですね」

太田と西原が辞して、島田が安藤に言った。

「まったくだ」

「磨けば光りますか？」

安藤が小さくうなずいて、

「これからは西原のような男が必要になってくる」

「路地の裏口から入って、玄関から広い表通りに出る——ですか」

「そうだ。度胸と力があって、なおかつ堅気の世界で通用する人間だ」

卒業しておけ——と安藤が言ったのは、この若者を大事に育てるという意味であることが、島田にはわかっていた。

「高橋さんに会わせますか？」

「そうだな。折りをみて」

高橋とは、住吉一家の高橋輝男のことだ。そのころ住吉一家にあって、浦上信之率いる「銀座警察」の中核を担っていた。少年時代、目黒区祐天寺の不良として鳴らしたことから「祐天《てんじ》寺の輝」と呼ばれ、〝新宿の安藤〟と兄弟分であった。安藤同様、時代の変化を鋭く見つめる高橋は、近代ヤクザの先駆けとして知られていた。高橋に会えば、西原はもっと視野が見開かれることだろうと、安藤は思った。

安藤に会って十日後の二月十九日、西原は山下に誘われて新橋駅前にいた。この日、街頭テレビで、日本初のプロレス中継が行われるのだ。テレビの開局が前年二月。受像器は当時の価

國學院大學空手部時代。前列中央が西原健吾。

右・西原健吾。九州男児特有の一徹なる熱さを持っていた。

格で一台二十九万円。現在の貨幣価値に換算すると約八百万円に相当する。庶民に手が出るはずもなかったが、テレビ普及という将来を見越し、全国五十六ヶ所に街頭テレビを設置した。

中継されるのは、蔵前国技館で行われる「力道山&木村政彦ＶＳシャープ兄弟」のタッグマッチだ。新橋駅前の街頭テレビには二万人もの群集が押しかけ、力道山の空手チョップが巨漢の白人レスラーの胸で炸裂するたびに大歓声をあげた。その勇姿は、敗戦によって白人に膝を屈した日本人の溜飲を下げ、血を熱くした。「総理大臣の名前は知らなくても、力道山の名前を知らない者はいない」とまで言われ、力道山の活躍でプロレスブームは隆盛の一途をたどる。力道山こそ、まごうことなき戦後の日本が生んだ国民的大スターだった。

西原も、山下も歓声を上げ、

「力道山！」

と叫んで血をたぎらせた。

その力道山を翌年、安藤組が命を狙うことになるろうとは、このとき二人は夢にも思わなかったことだろう。

五　帰らざる道を選んだ

年度末の前日にあたる三月三十日、白木屋の株主総会が、東京・浜町の鹿鳴館で開かれた。

白木屋は江戸時代から三百年の暖簾《のれん》を誇る名門店で、後年、東急デパート日本橋店となるが、株買い占めによる乗っ取りを仕掛けたのが横井英樹だった。仕掛ける横井側と、防戦する白木屋側の双方の陣営に、それぞれヤクザや右翼、総会屋がついて対峙し、総会は大荒れになる。

この株主総会に、西原も顔を出した。

「後学のためだ、見ておけ」

安藤にそう言われたからだ。空手部は春休みに入っており、このころ西原は毎日のように事務所に顔を出していた。いつしか「健坊」の愛称で呼ばれるようになる。

「で、うちはどっちの陣営ですか?」

西原が安藤に訊ねた。

「横井だ」

「どうして横井なんですか?」

「おまえ、メシを食うのに、いちいち理由を聞くのか?」

虫の居所でも悪かったのか、珍しく苛立った口調で言って、

「おい、クルマ用意しろ」

島田を伴って事務所を後にした。

「健坊」

と、三崎清次がたしなめるように言った。

「万年さんが横井についているんだ。万年さんからお声がかかったとありゃ、ウンもスンもねぇんだ。どっちが正しいとか、どっちの言い分がどうだとか、そんなことはどうだっていい。筋によって、敵にもなりゃ、味方にもなる。それがヤクザだ」

万年東一は「不良の神様」と呼ばれ、安藤の兄貴分である小光こと小池光男が万年の舎弟であることから、安藤にとって親分筋にあたる――と、これはあとで山下が西原に解説してくれたことだった。

三崎は、島田を別にすれば舎弟の最古参で、島田に次ぐナンバー3だけに、諭《さと》しには重みがある。

「すみません。以後、気をつけます」

西原がペコリと頭を下げた。その仕草が悪戯《いたずら》を見つけられた少年のようで、三崎は思わず吹き出したのだった。

株主総会は大荒れに荒れた。怒号のなかで、経営参加を求める横井と、それを拒否する白木屋の攻防が続いた。午前十時半から始まり、夕方の四時半になっても結論が出ない。結局、継続総会ということで終わった。

事務所の前まで帰って来て、山下が「ここで待っている」と言い出した。

「先輩、どうかしたんですか?」

「俺なんか入れないよ」

と気弱な声で言う。

五百人から数える組員のなかで事務所にフラリと顔を出せるのは、準幹部クラスまでだろう。ヒラ組員は「いつか俺も事務所に入れる人間になりたい」とあこがれている。山下が気後れするのは当然だった。頓着しない西原のほうが、むしろ異常と言っていいだろう。

山下を引っ張るようにして三階まで上がった。山下はドアを入ったところで直立不動になって固まっている。三崎が山下に一瞥をくれてから、西原に言った。

「これで万年さんへの義理は果たした。白木屋は手仕舞いだ。酒でもやってきな」

何枚かの札をジャケットの胸ポケットに押しこんだ。

西原と山下は宇田川町に出て、馴染みのスタンドバーに腰を下ろした。

「先輩、いつものやつでいいですか？」

西原が気づかって飲み物を問うと、

「おいおい、先輩って言うは大学のなかだけにしないか？　構わねぇから、哲と呼んでくれよ。一つしか違わないんだからさ」

西原の器量はすでにわかっているが、この男は安藤組でのし上がっていくに違いないと山下は見抜いたのだろう。性格も素直で一本気。西原という男は人を裏切ったり、騙したりはしない。いや、できない人間だ。山下は西原についていこうと、このとき思った。

二年生に進級し、西原の稽古はますます熱がこもる。

道場にいるか、安藤組の事務所に詰めているか、どっちかだった。山下も西原のあとについて事務所にちょこちょこ顔を出していた。如才ない山下は気が利く。いつのまにか事務所に溶け込んでいた。

西原が安藤組に関係していることは、学内では山下しか知らない。わかったところで黙認するだろう。学生がドスを懐に呑んでケンカしていた時代であり、当時、他の大学も武道系サークルの学生は、台頭する左翼学生に対して大学の〝用心棒〟として働いてもいた。大学が彼らを利用したというよりも、「赤の手先から大学を守る」という使命感を持っていた。武道系の学生は、授業の出席日数については、多目に見られるのがどこの大学でも一般的だった。

事務所に顔を出しているうちに、西原は自前のグループを持ちたくなった。リーダーシップに富んだ人間、あるいは男気のある人間は、必然的に組織をつくっていく。いや、安藤昇がそうであるように、〝台風の目〟となって周囲を巻き込みながら大きな渦をつくっていく。

「哲ちゃん、グループをつくろうと思うんだ」

西原が夏休みを前に相談した。

「いいんじゃない。健ちゃんならやれる。だけど、組の先輩たちのことも考えなきゃだめだ。出る杭は打たれるぞ」

「かまやしない」

「健ちゃんはすぐそれだ」

笑ってから、

「グループをつくるなら、ヤクザや愚連隊みたいのじゃなくて、学生ということを前面に出したらどうだろう。たとえば〝渋谷を不良学生から守る会〟とかさ。同じ学生として立ち上がる、ということを大義にするんだ」

「名案だな。だけど、そうなると、イの一番に哲ちゃんを追放しなくちゃならねぇな。毒をもって毒を制すだ」

「違げぇねえ」

「拳正会《けんせいかい》――。名称はこれだ。空手部や応援団だけじゃなく、腕に覚えのある連中を集めよう。渋谷は國學院の庭なんだ」

西原のこのアイデアは、安藤組幹部・森田雅をヒントにしたものだった。森田は抜刀・居合術「鹿島神流《かしましんりゅう》」の高段者で、世田谷の上町に錬心館道場を開き、ここに常時二十名ほどの不良たちを住まわせ、自炊生活をさせていた。森田の気性そのままに稽古は激しく、抗争が起きれば斬り込み隊の役目を担うというわけだ。

西原はたちまち十数名を集め、これを二手に分け、宇田川町と百軒店界隈を地廻りする。このときは学ランに朴歯《ほおば》の高下駄。夏場の学ランは、それだけで異様である。これに後年、國學院大學のスクールカラーに定められる赤紫を地に、白く『國大拳正会』と染め抜いた幟《のぼり》をかざし、「空手小唄」を低く口ずさんでそぞろ歩く。

♪　夜の渋谷は道玄坂よ
　　稽古帰りに飲む酒は
　右手に左手に杯もちて
　　唄う歌なら黒田節

百軒店の石畳は、ひときわ高下駄が響き、一般市民は不気味がって避けようとするが、それより早く拳正会の一団が道を譲る。「堅気に迷惑をかけるな」というのが安藤の方針で、それを踏襲した。

そのかわり、不良学生と見れば容赦ない。問答無用で張り拳足を飛ばし、高下駄で顔を踏みつぶすと、

♪　手刀蹴込に回蹴り
　　肉を切らせて骨を折る

『空手小唄』の続きを、気分よく唄うのだった。

不良学生のなかには手強い者もいる。ほかの街から遠征してくる連中が厄介で、あとさきを考える必要がないため、勢い過激になる。某大学応援団の団長は、復讐のため団員たちを引き連れて乗り込んできた。日本刀で斬りかかり、団長は拳銃《ハジキ》をぶっ放した。幸い弾はそれたが、日本刀による怪我人が出た。山下は拳正会も武装すべきだと主張したが、西原は反対した。

「素手だから意味があるんだ。〝道具〟を持ったらヤクザと同じになって組織の人間ともモメる。哲ちゃんと俺が噛んでりゃ、安藤組に迷惑がかかる。〝道具〟を持った相手には、先手で仕掛ければ大丈夫だ」

西原は一度、口にしたら押し通す。一徹な性格を知っているだけに、「九州男児はガンコだ」と山下は黙って頷くしかなかった。


七夕の夜、いつものように地廻りしていて、珍しく安藤昇一行と道玄坂で行き会った。島田、三崎のほか、同じく幹部の志賀日出也、石井福造、花田鉄一らがついていて、その周囲を組員が固めている。安藤と並んで談笑しながら歩いている男は、初めて見る顔だった。安藤と年格好は似ているが、安藤の削ぎ落としたような端正なマスクとは対象的に、ふくよかで温厚な顔をしていた。二人が着る真っ白いスーツが、ネオンに映えてまぶしく見えた。

「この暑いのに、ご苦労だな」

安藤が足を止めてニヤリと笑って、

「高橋、この男が國學院の西原だ」

と言ってから、

「西原、あそこにいるヤクザもん、ちょいと行ってシメてきな」

十メートルほど先——百軒店の入り口に顎をしゃくった。派手なアロハを着て、サングラスを掛けたヤクザ風が立っていた。

「押忍」

低く言って、西原が高下駄を脱ぐや、歩道を滑るように走った。アロハが怒声を発してドスを引き抜き、腰だめにして突っ込んだ。同時に西原の身体が中空に飛び上がり、足刀を袈裟斬りにしてアロハの顔面に蹴り込んだ。アロハは糸の切れた〝操り人形〟のように膝から崩れた。

「こういう男だ」と高橋に笑いかけて、

「西原、飲みに行くんだ。つき合え」

安藤の言葉に、西原は呼吸の乱れなく、頭を下げた。

百軒店のクラブの前で三崎、花田、石井が引き上げて行った。安藤と高橋、島田、西原の四人が一緒に座り、両隣のボックスに、安藤と高橋のボディーガード数名ずつが陣取って周囲に目を光らせた。

ホステスたちは座を盛り上げるのが仕事だが、つまらない冗談を言って機嫌を損ねては大変と緊張しているのだろう。笑みこそ絶やさなかったが、口数は少なく、静かな席だった。

「銀座の高橋だ」

と言って安藤が西原に紹介した。

安藤の兄弟分で、〝銀座警察〟として聞こえた高橋輝男だった。住吉一家にあって、浦上信之を支え、債権取立や会社乗っ取りに対して、〝被害者〟の依頼に応え、暴力を背景に解決していた。浦上一派は情報収集のため、聞き込みや尾行、張り込み、拉致して吐かせることなど、徹底して警察もどきのことをやったことから、マスコミが「銀座警察」と名づけた。賭場という裏舞台のシノギから、企業相手という主舞台に進出したということで画期的なことだった。その司令塔が高橋だった。

「西原、高橋のやり方は、まさに路地の裏口から入って玄関から広い表通りに出る――といったところだな」

安藤が笑ってから、高橋に西原のことを話す。

「この男は、ヤクザは裏口だって言うんだ。だからまずヤクザになって力を蓄え、その力を利用し、玄関から堂々と実業界に出て行きたいらしい」

高橋がうなずいて言う。

「だけどヤクザは所詮、ヤクザだ。狼がいくら羊《ひつじ》の皮を被って見せたところで世間は羊にゃ見ちゃくれねぇ。本物の羊になるんだ。だけど、そこいらの羊でいたんじゃ、俺たちはメシは食えない。狼より強い羊になる」

「正業で勝負。牙を隠した羊ですね」

「安藤、この坊やは呑み込みが早いな」

「西原、高橋は大日本興行っていう株式会社をつくってるんだ。ボクシングのプロモートを専門にやっている。ここを通さないと東洋選手権といったビッグイベントはやれない」

「興行は表ビジネスですが、牙を持った羊でなければできないというわけですね」

「来年、サンディ・サドラーと金子繁治を日本でやらせる」

「サンディ・サドラー！　まさか！」

「まさかだ」

「日本に来ますか？」

「来させてみせるさ」

高橋がニヤリとした。初めて見せる笑顔だった。

サンディ・サドラーはアメリカのプロボクサーで世界フェザー級王者だ。のち通算一〇三KOという記録を残して引退するハードパンチャーで、世界的な人気ボクサー。対する金子繁治は「魅惑のパンチャー」の異名を持つ東洋チャンピオンで、日本ボクシング界のスターだ。日本の敗戦から九年。ボクシングの世界タイトルマッチは、まだ日本で行われていない。二人のマッチメイクなど、にわかには信じられないことだったが、高橋の視線の高さは安藤と相通じるものがある。

この二人がヤクザの新しい時代を切り拓くだろう。そして、そのあとを自分も続く。西原は胸を躍らせた。自分の進むべき道を目前に見つけたのだった。

六　花形敬が帰って来た

昭和三十年は神武景気で明けた。

二十五年から二十八年まで続いた朝鮮動乱は、後方支援基地として日本に特需をもたらしたが、ここへきて本格的な高度経済成長へむけてひた走ることになる。「神武景気」とは、日本初代の天皇とされる神武天皇が即位した年（紀元前６６０年）以来、例を見ない好景気という意味だ。智恵と努力が、報酬という成果に直結する時代の幕開けであり、未来を思い描く熱気が日本中に渦巻いていた。

山下の指南で麻雀をおぼえた西原は、持ち前の勘のよさでたちまち腕を上げ、ちょっとした小遣い稼ぎにしていた。下宿屋はとっくに引き払い、幡ヶ谷にアパートを借りて住んでいる。年末年始は山下と渋谷の雀荘に浸かって過ごした。

一月二十七日朝、西原は渋谷駅の売店でスポーツニッポン紙を買って喫茶店に入った。コーヒーとトーストを注文し、何気なくページをくっていて、見出しと写真に目がクギづけになる。『一発で即死も　全く恐しいタイ・ボクシング　空手指導を終えて　中山五段ら帰国』という見出しで、つぎのように報じていた。

《タイ国警察の招きに応じて一昨年十二月六日タイ国の空手指導のために渡タイした日本空手協会五段中山正敏、三段岡崎照幸の両氏は二十三日その任を終えて帰国、日本空手協会の理事長高木正朝氏とともに二十六日本社を訪れ、タイ国滞在中の感想を次のように語った。

日本から初めて空手指導のためにタイにおもむいたのだが、まだタイには空手の知識など全くなく、従って岡崎君と空手の基本から種々の技に到るまでの空手の総てを一通り公開したが、その鋭さ、そして変化ある技は十分認め、感嘆の声さえもらしていた。

しかしタイで国技的なボクシングに比して、その努力、訓練のきびしさあたりに〝日本の空手〟というものを認識したに過ぎなかった。

以下、氏の見聞を紹介しよう。

タイのボクシングは国技として扱われているだけにその盛んなことは驚くばかりだ。バンコックにあるボクシング・ホールでは一週二回定期的にボクシングのマッチが行われている。このボクシングたるやタイ式ボクシングと称せられているもので、ロー・ブロー（低打）以外反則は認められていない。四オンスのグローブで、蹴り、肘打ち、頭突総てのことが公然と許されている。やはり階級は目方によって分れ、試合時間も三分ファイト、一分休みと同様だが、回数は五回という特異なものである。しかしルールがルールだけに多くの試合は一、二回でKO、

ＴＫＯの場面が多く、しかも一度ダウンされた選手は容易に立上ることさえ出来ずほとんどがタンカでかつぎ出されるしまつで、中には即死の場面さえ見られる。到底日本人の常識では考えられない殺伐なものである。

しかし国民性の相違はかくも差のあるものかと驚くばかりのファンの群、常に一万人程度のファンが場内をうずめ、その熱狂、興奮の度はさすが国技とうなずけるに十分なものがある。おまけに入場料は最低二百円という高価なもので、あるいは日本の相撲以上の感をさえ抱かせる。

しかしながらこのタイ式ボクシングでは国際試合のチャンスは全くないために、通常五組のタイ式ボクシングに加える一組の国際式ボクシングでスケジュールが組まれている。また国内での報酬はいかに多額とはいえ、到底国際試合のそれに及ばないため、一流選手になればいきおい国際式に変更する傾向にある。

既に来日したことのある東洋ウェルター級チャンピオンソムデス・ヨントラキットももちろんこの過程を経て来たもので、従ってその荒々しいファイト、パンチを送ってもこたえないタフな体力はこの間、自然に身についたもので、その強打には日本の重量級の優秀ボクサー辰巳、大貫、羽後といずれもマットに叩きつけられている。

なお中山氏は帰国以来休む間もなく現在講道館において月、水、金の午前九時十五分から十時まで来日中のアメリカ体育指導員六十三名に空手の指導を続けている。》（スポーツニッポン1月27日付）

そして掲載されている写真は、手にグローブをつけ、トランクスを履いた選手の対戦で、片方が上段回し蹴りを決めたスナップだった。

キャプションに《白パンツの左回し蹴りがけい動脈に決まったところ》とある。

タイ式ボシングはのち、目黒ジムの野口修が「キックボクシング」として日本で成功させるが、この当時、日本人にとって未知の格闘技だった。

西原の血が騒いだ。当時、空手は試合がなく、大学空手部は交歓稽古と称して他大学と実戦的な組手稽古をしていた。第一回全日本学生空手道選手権大会は、西原が卒業した年の昭和三十二年十一月三十日、両国の国際スタジアム（旧国技館）で行われ、西原は國學院空手部の監督を務めている。したがって、ルールを用いた公式試合の経験は西原にはなく、稽古は実戦組手かストリートファイトだった。記事を何度も読み返しながら、いずれ勝負してみたいと思った。空手界に聞こえた中山先生が「恐ろしいタイ・ボクシング」と言うくらいだから、いまの自分の実力ではとても通用しまい。

〈よし、二年後か三年後だ〉

と決意する一方、

〈これは興行になるんじゃないか？〉

という思いがよぎった。

当時、力道山を擁するプロレス人気は飛ぶ鳥を落とす勢いだった。スターをつくり、「一発で即死」という惹句で仕掛ければ、新しい分野を開けるのではないか。そんなことを考えているところへ、山下が「ウッス」と言って入ってきた。徹マンしたのだろう。さかんにアクビする山下に、

「哲ちゃん、これ」

と記事を見せ、読み終えるのを待って、いま考えた興行プランを早口で説明した。

「面白いね」

山下も身を乗り出したが、

「だけど、タイに行って実際に見てこなくちゃならないだろう？　カネもかかるし大変だぜ。呼ぶのはもっと大変かもな」

と現実的なことを言った。確かに準備資金がいる。外貨の関係で渡航の自由がなく、おいそれとタイに行けるものかどうか。

「こっちに相談してみるかい？」

と山下が、指で左頬をスーッと撫でた。

「いや」

西原は首を振った。いまの自分の力量では、とても無理だ。まず、強くなること。そして、チャンスを待つ——そう自分に言い聞かせた。

この年の春、三年生になった西原は、実質的に空手部を牽引する立場になった。四年生は天皇だから下級生をアゴで使ったが、さすがに西原に対しては遠慮があった。盛り場でヤクザとケンカになったときなど、西原の〝顔〟に助けられることが少なくなかった。拳正会を率いていることもあり、「安藤のところの西原」は売り出し中であったし、同じ安藤組にあっても、「社長が目をかけている」ということで、一目置かれてもいた。

この日、西原は國學院大學体育会の予算会議に顔を出していた。年間の活動予算を決めるのだが、総予算が限られているため〝分捕り合戦〟になってしまう。各部が予算を積み上げて要求額を提示し、他の部がそれにイチャモンをつけて減額に追い込むのだ。

西原が後輩数人を伴って会議室に入っていくと、他の部の代表たちは一様に嫌な顔をした。空手部は西原を出してくるのではないかと危惧はしていたが、いざその顔を見ると、やはり気が重くなる。

「それでは、野球部。説明をお願いします」

議長にうながされて、主将が立ち上がる。真っ黒に日焼けした長身で、坊主頭。見るからにマジメそうな学生だ。

「エー、野球部では、まず使用する球を五十ダースとしまして……」

説明を始めたとたん、

「異議あり！」

西原が立ち上がった。

「俺は野球のことはよく知らんが、球は一つでやるのではないのか！」

白木屋の〝乗っ取り株主総会〟で、ヤクザや総会屋の「異議あり！」の修羅場を実際に目にしているだけに堂に入ったものだ。

西原が連れた後輩たちが、

「そうだ！」

「一個だ！」

と騒ぎ立て、野球部の主将が立ち往生する。

「確かに球は一つでやりますけど、練習のときとか……」

「貴様、いま〝確かに球は一つでやる〟と言い切ったな！　一つでやれ！」

「そうだ！」

「一つでやれ！」

と後輩たちが騒ぎ立て、

「も、もう一度、予算案を検討してみます」

と主将は保留にして着席した。

「次、柔道部、お願いします」

巨漢の主将がのっそりと立ち上がり、予算の細目について説明を始めた。ケガの治療費が、空手部よりはるかに多く計上してある。これに西原が噛みついた。

「わが空手部にくらべて、治療費が多すぎるのではないか！」

「空手部のケガと、ケガが違う」

主将も突っぱる。空手部が体育会に正式加盟するとき、柔道部は最後まで反対したとされる。部が増えれば当然、予算が減ってしまう。それを嫌がってのことだった——とも言われており、両部の仲はよくなかったのだ。

西原も退かない。

「ケガのどこが違うか教えてもらおうじゃないか！」

「空手部は打ち身だが、柔道部は骨折だ」

「受け身がヘタだからだろ！」

「違う！」

「外へ出ろ！」

会議どころではなくなるのだった。

西原の稽古は一段と凄味を増した。

タイ式ボクシングのことが頭から離れず、一日中、道場にいて巻藁《まきわら》を突き、千本の突きと蹴りを課し、部の稽古が始まると下級生を横に並べておいて片っ端から相手をした。西原が攻め、下級生が恐れて退がると羽目板まで追い込んで、容赦なく叩きのめした。

「貴様ら軍鶏《しゃも》の闘いを見てみろ！　鶏冠《とさか》に囓《かじ》りついて蹴りを入れるが、囓られたほうも蹴りを返しているんだ！」

それが西原の組手だった。性格そのままに、愚直で直線的な動きをした。剣術にたとえれば示現流のようなものだ。示現流は最初の一撃に勝負をかけるため、〝二の太刀〟はない。西原の組手もそれと同じで、一撃の拳足で相手を仕留めるのを常とした。

後輩たちに四方八方から攻撃させてみたり、木刀を持たせて攻めさせもした。角帽をちょこんと自分の頭の上に乗せ、それが落ちないように繰り返し型の稽古をして、腰の安定強化をはかった。腕立てと腹筋を百回十セットで計千回。胸筋が盛りあがり、腹筋が割れている。その腹筋をさらに後輩にバットで叩かせ、鍛えていく。そして、大学の稽古が終わると、夜は築地警察の隣にあった和道流本部道場へ通い、高段者に挑んで技を磨いていくのだった。当時、大学は交歓稽古がよく行われたが、西原が在籍した時代の國學院空手部は、他大学から「ケンカ空手」に近いとして敬遠された。

そんなある日、山下がひょっこり道場に顔を見せて、

「健ちゃん、島田さんが事務所に寄ってくれだって」

と伝えた。

「いまから行く」

西原がジャケットに着替えると、一年生があわてて稽古着を畳もうとする。西原がそれを制して、自分で畳み始めた。稽古は厳しくても、私事《わたくしごと》で後輩はいっさい使わない。前歯を折られようとも、後輩たちが西原に信頼を寄せるのは、公私を峻別する生き方にあった。一年後輩ながら、山下が西原に惹かれる理由の一つでもあった。

安藤事務所に顔を出すと、映画ロケのガード役を島田から命じられた。

「渋谷でロケするときはウチが仕切っているんだが、西原、おまえにまかせる。拳正会を使えばいいだろう。彼らには日当は出す」

「押忍」

と答えた西原の胸は弾んでいた。

拳正会を中心に人数を集め、ロケ現場では『東興業』の腕章を着用してガードした。映画ロケは、その地を縄張りとするヤクザ組織に話を通さなければ撮影ができなかった。縄張り内で好き勝手なことをされたのではメンツに関わるからだ。安藤組が腕章を着用してガードするということは、

「渋谷は安藤組のものである」

という宣言でもあった。

九月、西原は四代主将となる。夏期合宿の飯坂温泉では他大学の空手部と乱闘になり、地元警察が出動する騒ぎを起こした。ケンカ三昧の日々は命懸けであったが、馬が鼻先を競って全力疾走するような、そんな充足感があった。赤線があった時代とあって、人並みに女遊びもした。安藤の感化でおしゃれには気を配ったが、恋人はいなかった。

彼女ができると男は軟弱になる――そんな古風な一面をもった西原に転機が訪れる。

拳正会の地廻りを終え、山下と百軒店で一杯やって道玄坂に出たところだ。不良たちが若い女性を取り囲んでナンパしていた。濃紺のスカートにベージュのカーディガン。身を守るように、ブックバンドをかけた本を胸元に抱きしめている。女子大生だろう。泣きべそをかいて、

「通してください」と懇願していた。

中年のサラリーマン風が立ち止まると、

「てめぇ、なに見てやがる！」

凄まれて、転がるように駆けていった。

「健ちゃん」

山下が顎をしゃくるより早く、

「よさねぇか」

西原が歩み寄って声をかけていた。

「なんだと！」

リーダーらしき男が振り返って肩を揺すった。

ガクランに高下駄は拳正会のトレードマーク。安藤組の息がかかったグループであることをもちろん知っている。

不良の逡巡《しゅんじゅん》を見て取った西原が、

「やるかやらねぇか、おまえたちが決めな」

低い声で言う。

「わかったよ」

リーダー格が舌打ちをして歩き出そうとした、その刹那、

「危ない！」

山下が叫ぶと同時に、リーダー格が振り向きざま殴りかかってきた。西原が首をひょいと引いて空を切らせ、高下駄を履いたまま無造作に蹴りを飛ばした。金的を蹴込まれ、地べたでのたうつ苦悶の顔からは、悲鳴も出ない。

「いこうか」

女の子に言って道玄坂を下っていった。

「ありがとうございました」

渋谷駅で、女の子は何度も頭を下げ、改札の雑踏にまぎれた。

「いい女だったね」

主将として空手部をまとめ、他の大学を圧倒した。前列左から４人目が西原健吾。

山下が言う。

「そうでもないさ」

「名前くらい聞いておけばよかったのに」

「別に」

「青学だぜ」

「どうしてわかる?」

「ブックバンドに青学のバッジが止めてあった」

「……」

「清楚な女は、健ちゃん好みじゃないのか」

「バ、バカ野郎」

狼狽する西原に、山下は意外な一面を見たような気がした。

♪ 伊達に締めない黒帯ならば
何故に言えない胸のうち
桜花散る並木の道に
恋の間合いが何故とれぬ

山下が戯《おど》けるように『空手小唄』を口ずさむ。

「哲！」

「ごめん！」

怒ってみせたが、西原の胸のうちは細波《さざなみ》立っていた。

翌日、渋谷の盛り場が震撼する。

花形敬、宇都宮刑務所を出所——。

〈あの人が帰ってくる〉

百軒店で張り倒された痛みが甦ってくるような気がして、西原は左頬に手を当てた。

第二章

烈風《れっぷう》

一　狂気と熱情

北上する台風が、その勢力を急速に増していくように、安藤組は膨張を続けていた。

盃による疑似血縁制度をとらない安藤組は、構成員が何人いるのか明確な数はわからなかったし、安藤自身、知ろうともしなかった。これは多分に安藤の性格によるものだが、組織は締めつけで維持するものではないという考えを持っていた。安藤組は、安藤を〝台風の目〟として渦をなす集団だ。中心部は暴風雨だが、遠ざかるにしたがって風雨は弱まっていく。末端になれば〝ちぎれ雲〟もいるだろう。それを含めて組織――と安藤は考えていたのだった。

出所した足で、花形は安藤に挨拶するため、青山通りにある事務所に顔を出した。

「兄貴、ご心配かけました」

「しばらく温泉にでも行ってのんびりしてくるか？」

「いえ、自分は温泉より酒に浸かりますよ」

花形が珍しく冗談を口にして、

「じゃ、失礼します。今夜、島田さんたちが出所祝いをやってくれるそうなんで」

花形が立ち上がったところへ、ノックの音がして西原が顔をのぞき、あわててドアを閉めようとした。

「構わないから入れよ」

安藤が言った。

男が、西原を一瞥《いちべつ》した。

縁なし眼鏡。

その奥で、細長い切れ目が鋭く光っている。

〈花形だ！〉

西原はゴクリと唾を飲んで、

「ご苦労さまでした」

と頭を下げた。

「なんだ、花形を知っていたのか」

安藤が意外な顔をした。

「一年生のときに百軒店で……」

「花形に張り倒されたのか？」

「いえ、ヤバイところを助けてただいたんです」

「おまえがか？」

「まだ、空手を始める前ですから。百軒店で不良に……」

「じゃ、失礼します」

さえぎるように言って花形が頭を下げ、社長室を出て行った。

ドアの向こうで、「敬さん、失礼します！」という山下の弾む声がする。幹部以外で、花形のことを「敬さん」と親しく呼べる人間はいない。人の心に抵抗なく入り込む山下の才能なのだろうと、西原は思った。


三日後、山下が西原に声をかけた。

「今夜、敬さんにつき合うんだけど、ついて来ないか？　花田さんが、出所祝いに新宿のクラブで一席もつんだって」

「行ってもいいのか？」

「平気さ。誰かつれて来てもいいと言われてるから」

花形は、舎弟や若い衆を持たない主義だったので、前々から気安い山下をよく飲みに誘っていた。西原は花田とは事務所でちょくちょく顔を合わせていて知っている。西原はついて行くことにした。

店は、新宿歌舞伎町のビルの地下にある『ローゼ』。松尾和子が専属の高級クラブとして知られており、花田の行きつけであった。

「花形、今夜はゆっくり飲《や》ってくれよ」

花田が両手にホステスの肩を抱いて言った。

マネジャーがすぐにやってきて丁重な挨拶をしたが、花田は花形のことを無視しているように見えた。西原と山下の目が合った。「こっちは渋谷の花形だ。俺と同様、頼むぜ」――そう言って紹介するものだが、花田はそうはしなかった。紹介されない以上、マネジャーも必要以上の気づかいはしない。

西原が目の端に花形をとらえる。

花田は無表情でウィスキーのストレートを黙々と口に運び、松尾和子のハスキーな歌声に耳を傾けていた。

三年近くにおよぶ社会不在は、花形敬の立場を微妙なものにしていた。花形はこれまでと変わらぬつもりでいるが、地歩《ちほ》を築きつつある組幹部たちにしてみれば、立場を脅《おびや》かす厄介者だった。花田も花形も昭和五年生まれ。ともに大学まで進み、花田が専修大学、花形が明治大学をそれぞれ中退している。花田は、花形が社会不在のあいだにメキメキと力をつけていた。

「立場は逆転した」――そのことを花田が見せつけようとしたのだとしたら、それは花形を甘く見たことになる。

花形が煙草をくわえ、山下がホステスより早くライターを差し出した。

「哲、焼き場の匂いを知ってるか？」

「いえ」

「じゃ、これから嗅がせてやる」

おもむろに上着を脱ぐと、シャツを腕まくりして、左腕に煙草の火を押しつけたのである。肌を焼く異様な匂いにホステスたちが顔をゆがめた。

「おいおい花形、わかったから、もういいだろう」

花田があわてて止めた。

「そうかい。じゃ、やめてやろう」

と言って、火のついた煙草を指で弾いた。

「あっ、ジュータンがこげる！」

マネージャーがあわてると、

「そりゃ、大変だ」

花形が立ち上がるや、ズボンのファスナーを下ろし、煙草に小便をかけたのである。

「花形！」

花田が気色ばんだ。

花形がせせら笑って言った。

「花形ってのは誰だ？　俺は〝名無しの権兵衛〟だぜ」

マネージャーに紹介もせず、シカトしたことをカラみ始めた。

こうなると、もう手がつけられない。花田は大学一年のとき、傷害致死で網走刑務所に送られている。粗暴さでは一目も二目も置かれる人間だったが、花形の〝狂気〟にはかなわなかった。火山の噴火と同じで、納まるのをまつしかなかった。

「おい西原、そこの壁に立ちな」

花形が顎をしゃくった。

西原が五メートルほど離れた壁際に立つ。

「動くんじゃねぇぜ」

と言って小瓶のビール瓶を逆さに持った。

〈まさか！〉

山下が驚くと同時に、花形が投げつけた。

西原の頬をかすめて壁に当たり、派手な音をたてて割れた。一本、二本、三本……。花形が投げつける。西原は微動だにしない。顔に当たれば大怪我をする。死ぬかも知れない。哲が泣きそうな顔をして口元をワナワナと振るわせていた。店内は水を打ったように静まりかえっていた。

命乞いはしない――。西原は自分に言い聞かせていた。まっすぐ花形を見つめる。

花形の手が止まった。

目に見覚えがあった。

記憶をさぐる。宇都宮刑務所に収監される直前だ。百軒店で張り倒した学生が、素っ飛んだ路上から食い入るように顔を見上げていた。

〈あのときの学生か？〉

ビール瓶をテーブルに戻すと、

「帰るぜ」

花形が言った。

二　愛しの赤い糸

道玄坂で、青山学院の女子学生を助けてから、山下は西原に微妙な変化を嗅ぎ取っていた。渋谷を歩いていると、人を探すように周囲に目を泳がせるのだ。

「いないねぇ、健ちゃん」

山下がからかう。

「何のことだ」

「青学の正門に張り込んだら？」

「バカ野郎！」

こんな調子だから、西原は拳正会の地廻りに身が入っていない。若い女性に逐一、目を止めるため、不良学生を見逃すことも再三だった。そのうち、「西原先輩、ちょっとヘンじゃないですか？」と、後輩が山下に小声で問いかけるまでになっていた。

西原にしてみても、女に気を取られている自分に葛藤はある。タイ式ボクシングと勝負する夢は捨てていない。そのために猛稽古を続けている。それに、卒業まで、あと一年余り。安藤組で正式に活動を始めることになる。女ごときに——という忸怩《じくじ》たる思いがあった。

女に惚れて身をこがすヤクザは少ない。そういう男は、本当の意味でヤクザにはなれない。恋女房であっても、義理が絡んでカネが必要になれば身体を売らせる。義理が情《じょう》をねじ伏せるヤクザ社会にあっては、この非情さが求められる。ヤクザとして生きていくには、健ちゃんはやさしすぎるかもしれないと、山下は思うことがあった。

その西原が、青学の女子学生と再会するのだ。

山下を伴い、渋谷公会堂で開かれた大学生主催のダンスパーティーに乗り込んだときのことだ。ダンパーはいいカモで、「誰に断ってやってやがる！」と主催者を一喝すれば、なにがしかのカネを包んだ。恐喝ではあるが、アガリの一部を納めさせるだけなので、主催者もさして腹は痛まない。拳正会の軍資金にするという大義もあった。

意気込んで会場に入ったところで、

「あら、あのときの！」

と声をかけられた。

彼女が目を丸くして立っていた。育ちのいい娘さんなのだろう。スーツを決めた西原を上から下まで見やりながら、

「今夜は学生服に高下駄じゃないんですね」

真顔で言ったので、山下は思わず吹き出していた。

彼女は山川文恵と名乗った。山下が言ったとおり青学の学生で、西原より一つ下の二年生ということだった。西原と文恵は楽しく踊った。杉並の自宅から通っており、門限があるという彼女を、山下と一緒に渋谷駅まで送った。文恵も西原に惹かれるものがあったのだろう。今度の日曜日、朝十時に渋谷駅の改札で待ち合わせることになった。

文恵が、手を小さく振って改札口を入っていく。

「健ちゃん」

「何だい」

「今夜のダンパーはシノギにならなかったね」

「しょうがねぇよ」

まさか彼女の前で、

「誰に断ってやってやがる！」

とケツをまくるわけにもいくまい。

翌日、西原は大和田町の喫茶『南海』に出かけた。安藤組の幹部、石井福造の根城である。大和田町は井の頭線のガード下から、渋谷駅南口方面へ扇状に広がる一角で、この地区に大小数百の店舗からなる繁華街――大和田マーケットがあり、石井はこの界隈を中心にシノギしていた。安藤組のなかで「大和田」と言えば、石井のことを指した。パチンコの景品買いに目をつけ、これが大当たりして、いまでは百名を超える若い衆を擁していた。

「石井さん、例の話ですけど」

「やるかい？」

「お願いします」

「じゃ、『タイガー』をみてもらうか」

口をとがらせてしゃべるのは石井のクセで、上機嫌で言った。

かねて石井からパチンコ店の用心棒を頼まれていたのだ。空手の稽古もあるし、拳正会も何だかんだと忙しくて断っていた。しかし拳正会の人数も二十名ほどになり、何かと物入りになってきた。映画ロケがそうそうあるわけではなく、シノギとしては苦しかった。それに、もし文恵とつきあうようになれば、相応の小遣いもいるだろう。

「空いた時間を見て、店に顔を出してくれればいいよ」

と石井も言った。

石井は、西原を買っていた。頭が切れて、度胸があって、ケンカが強くて、しかもマナーを心得ていて、どこに出しても恥ずかしくない。「そんなヤクザは、渋谷中を探したっていない」

――石井はそう思っていた。

そのころ、不良たちのあいだでパチンコ店を舞台にした〝ハイノリ〟がはやっていた。語源は判然としないが、「背乗《はいの》り」から来ているとする説がある。工作員《スパイ》が、他国人の身分や戸籍を乗っ取る行為を指す警察用語だ。パチンコ店で、玉を出している客に近づき、

「それ、煙草に換えてきたら、俺が全部買い取るよ」

と言って換えてこさせ、

「カネはあいつが払うから」

と、見ず知らずの男を指さし、客が男のところへ行って話をしているうちにトンズラするのだ。手にした煙草は、知り合いの喫茶店に卸したりする。店としては信用に関わるので、ケツを持ってもらっている組に見回りを依頼するというわけだ。

西原は片っ端からハイノリ連中をとっ捕まえ、店から放り出した。

「西原、卒業したら俺のグループにこないか」

石井が誘った。

「押忍」

と儀礼的に答えたことが、西原に対する壮絶なリンチにつながっていくのだが、むろんこのときは思いもしないことだった。

約束の日曜日、渋谷駅で山川文恵と待ち合わせた西原は、文恵の提案で恋文横町をぶらついた。ハチ公を背にして道玄坂下の右手――現在、若い女性で賑わうファッションコミュニティ「渋谷一〇九」の裏手にあたり、飲食店や衣料品店、靴屋、雑貨屋、古道具屋など四十店ほどが密集していた。

一角に、本国へ帰ったアメリカ兵の恋人に送る英文ラブレターの代書屋があり、丹羽文雄が、この店を舞台に『恋文』という小説を朝日新聞に連載。昭和二十八年、同名で映画化され、一帯は「恋文横町」として一躍有名になる。物語は男女の悲しい再会を描いたもので、代書屋を営む主人公の店へ、そうと知らず、かつての恋人が恋文の代書を依頼に訪れたことから、苦悩と葛藤が始まる。

「哀しい物語ですね」

喫茶店で、文恵が言う。

「喜劇だ」

西原が切り返す。

「どうして？　どうしてですか？」

「悲劇は喜劇さ。悲劇のどん底に落ちたら、あとは笑うしかないだろう」

「西原さん、変わってる」

「高下駄を履いたり、スーツを着たりかい？」

おどけてから煙草に火を点ける。

文恵が小さく笑って、うなずいた。

三　力道山を追い込む

午前中、大学の道場で独り稽古を終え、石井にまかされているパチンコ店を見回ってから、西原が事務所に顔を出すと、緊迫した雰囲気になっていた。

めずらしく花形がいた。所用で立ち寄ったところのようだった。若い組員が早口で説明を続ける。

「だから、安藤組に挨拶しろって言ったんですよ。そしたら、〝冗談じゃない、こっちは力道山がケツ持ってるんだ〟ってぬかしやがって」

「なんで力道が、ヤクザもんのマネなんかするんだ」

花形が眉間に皺を寄せて言うと、

「しめしをつけてやるか」

幹部の大塚稔が拳を二、三度、手のひらに打ちつけた。大塚は花形と同世代。元プロボクサーで、バンタム級東日本新人王になっている。西原は、花形と親しく口をきくことはなかったが、大塚は同じ格闘家ということで西原によく声をかけてくれていた。

若手組員の話はこうだった。

昨夜のこと。若手組員が安藤組の息のかかったスナック『マンボ』で飲んでいると、男が入ってきて、『純情』という大箱のキャバレーがオープンするという話を始めた。店のマネージャーだと言っていたので、

「安藤組に挨拶はすんでいるのか?」

と問うと、力道山の名前が飛び出してきたというわけだ。

宇田川町一帯は区画整理が進み、拡幅された道路沿いに新しいビルが次々に建設されていた。店子はバーやキャバレーなど飲食店が多く、安藤組に「用心棒料《ミカジメ》」を納めていた。近代ヤクザを志向しながらも、過渡期にある安藤組にとって縄張りは〝ヤクザの城〟でもあった。『純情』の勝手を黙認するわけにはいかない。

「オープンはいつだ」

花形が言った。

「今週末の土曜日、午後五時」

「わかった」

と言って、島田をみやった。

島田が頷いて、

「客席数はどのくらいだ?」

若手に問うと、八十席くらいだと答えた。

「大塚、若い者を百人ほど集めろ」

「わかりました」

島田の意図を察し、大塚がニヤリと笑って、

「健吾、拳正会も人数を出しな」

と告げた。


開店当日、店の前の歩道には、開店祝いの花輪がズラリと並んでいた。

午後五時。ドアが開くと同時に、安藤組の百名が店内になだれこんだ。八十席はたちまち組員に占領された。

「コーヒー!」

「コーヒーだ!」

「こっちもだ!」

口々に注文してボーイが右往左往し、ホステスたちが呆然と立ちつくしている。

花形と大塚が入ってくると、空けてある西原の隣のテーブルに座った。

マネージャーが血相を変えて素っ飛んでくる。

「あのう、ほかのお客さんたちに迷惑になりますので」

「コーヒーじゃ、客に入らないってか？」

花形が低い声で言った。

「い、いえ、そういうわけじゃ」

「つべこべ言ってねぇで、早く持ってきな」

面倒くさそう言った。

大塚が、トントン、トントンとリズミカルに足踏みを始めた。

開始の合図だ。

西原と山下が重奏するように足踏みをする。拳正会の連中がそれに習い、他の組員たちが一斉に足踏みを始めた。最初は小気味よかった足音も、百人もになると軍靴の行進のような激しい音を立て、床を揺らした。

「人を蹴飛ばせば傷害罪だが、足踏みするのは犯罪にゃならねぇんだ」

というのが、大塚の理屈だった。

力道山が店の奥の事務室からフロアに姿をあらわした。

花形がゆっくりと立ち上がって、手で〝足踏み〟を制し、力道山と対峙《たいじ》した。

力道山が口を開いた。

「この店の用心棒は俺だ。話があれば聞く」

花形がせせら笑って、

「ここは渋谷だぜ。てめえみてえなヤツに、用心棒がつとまるか！」

力道山の顔が怒りで朱に染まる。西原はいつでも蹴りが飛ばせるよう、椅子に浅く腰掛けている。大塚は拳銃を握っているのか、手を懐に差し入れている。

「明日三時、銀座の資生堂パーラーで話し合おう。今日のところは引き上げてくれ」

それだけ言うと、力道山は足早に事務室に引き上げていった。

花形がテーブルを両手で持ち上げると、フロアに叩きつけた。大きな音を立てて散乱し、ホステスたちが悲鳴をあげた。事務室から力道山が飛び出してくるかと西原は身構えたが、ドアが開くことはなかった。

島田から報告を受けた安藤は黙ってうなずいた。力道山のとかくの噂は、安藤も耳にしていた。酒癖が悪く、暴力沙汰をしばしば起こしているという。酒にケンカはつきものだから、それはいい。だが、断りなくキャバレーの用心棒をやるというのはいただけない。もちろん用心棒とは言っても、店に詰めてガードするわけでなく、

「ここは力道山が面倒を見ている」

という〝ブラント用心棒〟だろう。それだけに看過できない。花形たちが怒るのはもっとも

なことだった。

翌日三時、山下の運転で、花形、大塚、それに西原と同い年で、立教大学在学中に安藤組に入った矢島武信が銀座に向かった。西原が連絡係として助手席に乗り込んだ。何が起こるかわからないので、待機用にクルマ二台がついた。ステゴロの花形を除いて、〝道具〟を用意した。西原が拳銃を渡されたのは、このときが初めてだった。山下と一緒に千葉県房総の山中で何度か試射したことはあるが、今日の拳銃はずっしりと重く感じられた。

資生堂パーラーには三十分ほど前に着いた。花形たちは同じテーブルに陣取り、西原と山下は少し離れた席に座って、店の内外に油断なく視線を走らせ、力道山たちの到着を待った。三時前、巨漢がぞろぞろと店に入ってきた。西原がすばやくメンバーを確認する。元横綱でプロレスラーに転じて人気の東富士が先頭だった。そのあとを四人のプロレスラーが続く。

「力道山がいないぞ」

西原がささやく。

「もめるな」

山下が応じた。

資生堂パーラーといえば銀座のど真ん中にあって、有名な店だ。まさかここでドンパチにはならないだろうが、花形がいる。話の成り行きで、どうなるかわからない。西原は緊張した。

「力道はどうした」

花形が表情を変えずに問いただす。

「それが……」

東富士が額に汗をにじませて口ごもる。

「そうかい。ここじゃ、なんだから場所を変えるか」

「い、いえ、ここで……」

「立ちな」

大塚が東富士の脇腹に拳銃を食い込ませて言った。矢島が懐に手を差し込んで、四人のプロレスラーを射貫くように見据えた。


東富士ら五人を、渋谷・円山の奥まった待合いに連れ込んで監禁した。

西原が、待合の電話を借りて、事務所の島田に報告する。連絡役は、過不足なく手短に報告して指示を仰ぎ、それを的確に現場に伝えなければならない。沈着さと、頭の回転の速さが求められる。

島田にかわって、安藤が電話口に出た。

「力道は、東富士を寄こして、こっちの腹を見ているんだろう。力道への伝言を持たせて連中を放してやれ。〝我々に連絡しないあいだは命をつけ狙う〟とな」

安藤は電話を切ってから、島田に命じた。

「力道のことだ。連絡はよこすまい。〝ケツ持ち〟が出てくるかもしれない。〝道具〟を用意して、待機命令を出せ」

三日たっても力道山からは何の連絡もなかった。

「殺《や》るか」

大塚が言った。

西原は緊張した。ケンカとは違う。殺意をもってつけ狙うのだ。初めての経験だった。花形をうかがう。椅子に身体を預け、ソフト帽を額に傾けている。〝道具〟で命をつけ狙うといったことは、花形の流儀に反するのだろう。

その気持ちは西原にも理解できる。戦いは己《おのれ》の存在証明のためにするものであって、利害のために用いるものではない。だが、それは武道家や〝ケンカ師〟の処し方であって、ヤクザのものではない。花形はケンカはできても、抗争はできないのではないか。そんな気がした。

人形町のプロレス道場はもちろん、四方八方に組員を放って血眼になって追っているが、力道山の行方は杳《よう》として知れなかった。

西原は考えた。力道山は国民的大スターだ。理由はどうあれ、殺《や》れば安藤組は世間の非難にさらされる。世論に押され、警察は断固たる処置を取らざるを得なくなるだろう。力道山の命と、安藤組を引き替えにして損得の帳尻は合うのか。

「ヤクザは損得じゃない」

安藤はもちろん、幹部たちもそう言うに違いない。

だが、すべてを犠牲にして男が殉じるべきは、メンツじゃなく、己の信念ではないのか。

「大塚さん」

「なんだ」

「力道の自宅で待ち伏せですが、もっと派手に動いたらどうですか？」

西原が提案した。

「力道にバレるじゃねぇか」

「バレてもいいじゃないですか。自宅にはしょっちゅう連絡を入れるはずですから、帰宅が狙われていると知ったら力道は家に入ることができない。十日でも、一カ月でも、じっくり腰を据えて張り込んでりゃ、必ずコンタクトを取ってきますよ。殺らなくても、力道が詫びを入れてくれれば、うちのメンツは立つんじゃないですか」

大塚は西原の真意を素早く見抜いて、「なるほど」とうなずいた。

力道山の邸宅は大森池上にある。小高い丘の住宅地で、表通りから狭い道を入り、直角に右折して二十メートルほど行った突き当たりだった。力道山のキャデラック・コンバーチブルは、この直角の曲がり角で減速しなければならない。ちょうどここに農作業用の小屋があり、ここに狙撃隊がライフルを構えて潜んでいた。

西原の提案で、森田は安藤のマーキュリー・コンバーチブルを借り、小屋のそばに停めた。邸宅から丸見えという絶好の位置にある。一週間後、東富士が力道山の使いとして事務所にあらわれた。

「今後、用心棒は一切しない」

という力道山の誓約を安藤に伝え、安藤は礼を尽くして詫びる東富士に男気を感じたのだろう。誓約を受け入れ、力道山から手を引いた。キャバレー『純情』は、あらためて安藤組に挨拶をし、〝用心棒〟をお願いすることになる。


『純情』の一件にケリがついて、西原は花形に呼ばれた。

指定された時間より三十分早く、西原は宇田川町のスカラ館地階にある「トリスバー」に着いた。花形はすでに奥のボックス席で飲んでいた。地階へは螺旋《らせん》階段を下りていくので、西原が入ってきたことは花形にもわかっているはずだが、顔も上げなかった。

「遅くなりました」

頭を下げると、座れ——と目で告げて、

「なにか頼め」

と言った。

「じゃ、自分も同じハイボールを」

「ヘネシーじゃねえのか」

「はっ？」

「俺はシノギが悪いから、ケチくさくハイボールを飲んでいるんだ」

意味がわからず、西原は戸惑って返事ができなかった。

「石井の手伝いをしてるんだってな」

「押忍」

「景品買いは儲かるんだろ？」

石井とそりの合わない花形が、石井を揶揄《やゆ》しているのだ。

景品買いというのは、パチンコ客の景品を現金で買ってやり、その景品を、客から買った値段より高くパチンコ屋に買ってもらって、その差額を儲ける。

もともと景品買いは、韓国系のおばちゃんたちが路上で細々とやっていた。これに石井は目をつけ、買い取り相場より高く、ピース一箱を三〇円で仕入れると触れ回った。たちまち大量に集まり、石井はこれを自分たちでさばくだけでなく、韓国系のおばちゃんたちに一箱三十五円で卸し、五円のサヤを取った。そのうち、横浜あたりからも千箱単位で買い付けに来るようになった。石井と兄弟分の森田グループもこれに加わり、派手に景品買いをやっていた。

「おまえも景品買いをやるのか」

「いえ、店を見回っているだけです」

「兄貴のオーバーをもらったんだってな」

「押忍」

唐突に話を振ってくるので、西原が戸惑いながら返事をする。

「兄貴が、おまえのことを目にかけているって耳にしたんでな。石井のケツをついて歩くのもいい加減にするんだな」

花形が立ち上がった。

「あのう」

「なんだ」

「実は花形さんには百軒店で助けていただいたんです。その節はありがとうございました。じつは、あのときおっしゃった言葉を……」

「払っておけ」

札を何枚かテーブルの上に放って、花形が店を出て行った。

西原はハイボールのお代わりを注文した。新宿のクラブ『ローゼ』でビール瓶を何本も投げつけられたとき、花形の目を見て、俺のことを思い出してくれたと確信した。だから声をかけてくれたものと思っていた。百軒店の思い出話を楽しみにしていただけに、西原は拍子抜けしていた。まさか石井に対する忠告とは、思いもよらなかった。『ローゼ』で見た花形と花田。そして、花形と石井。一枚岩になって結束すれば他府県に進出もできる。なぜ、みんなは結束しないのか。西原は抗争で命を散らせるまで、このことに苦悩することになる。

安藤組には大きく二つの派閥があった。大和田一派の石井グループと、花形や花田の宇田川一派だか、宇田川一派も一枚岩ではない。宇田川町はバーやカフェ、レストランなど洒落た店が多く、宇田川一派は安藤を真似て、おしゃれな連中が多かった。これに対して大和田町は一杯飲み屋などが多く、ヤクザも下駄履きだったり、ねじり鉢巻きに楊枝をくわえるなど、庶民的な雰囲気で、それが石井の肌に合っていたのだろう。

人間同士、好き嫌いがある。これに利害や思惑、打算が絡む。嫉妬も羨望もある。社会の表裏を問わず、こうした人間の業が渾然一体となって派閥が生まれる。外に向かって進撃するときは、派閥は一番槍を競うため、これが組織を牽引していくが、組織として安定すれば仲間内で利害がぶつかる。安藤組のように組織が大きくなり、渋谷において最大勢力になれば、派閥リーダーの目は内に向かう。二年後、花形が石井の舎弟に撃たれるのは、ある意味、自然の流れであったかもしれない。

稽古のない日曜日、西原は毎週のように文恵とデートした。文恵はひとり娘で、父親は鉄工関係の専門商社で役員をやっているということだった。有名企業で、西原も社名は知っている。経済学部にいると聞いて、文恵が遠回しに父親の会社への就職をほのめかしたことがある。来春は四年生だ。いまから就職活動をしても早くはない——そんなことを文恵は言った。

國學院大空手部のバンカラ学生だと文恵は思っている。それはそのとおりだが、安藤組に関係していると知ったら、どんな顔をするだろう。

昨日、小倉のお袋から手紙が来た。父親が南方で戦死し、お袋は女手一つで苦労して三人の子供を育てあげた。姉が、大学講師の青年と婚約が整ったこと、兄も建築資材関係の会社で頑張っており、いずれ独立して東京へ出たいと語っていることなど家族の近況が書かれ、

《来年はいよいよ四年生ですね。就職は九州へ帰ってするつもりですか、それとも東京ですか？　どちらでもいいから、自分の好きな道へ進んで下さい》

と結んであった。

帰ってきて欲しいだろうに、そのことには一言も触れず、好きな道へ進めと書いてある。母親の愛情と心配が行間から伝わってくる。二年生に進級したとき、これ以上、母親に負担をかけるのはしのびなく、バイトしているから仕送りはもういいと手紙を書いたが、いまだに送ってきてくれる。

〈好きな道が安藤組だと知ったら、お袋はどんな顔をするだろう〉

と思った。

文恵だって、それは同じだ。

いや、自分は本当にヤクザの道に入るのか？　引き返そうか。いまなら引き返せる。だが、それでどうする？　文恵の父親が務める会社に入って生涯をサラリーマンで過ごすのか？　人生の岐路を前に、西原の思いは乱れた。

四　人生は、かくも苛烈なもの

昭和三十一年三月六日、安藤と島田は西原を伴い、山下の運転で台東区浅草の妙清寺に向かった。この日、住吉一家大日本興行系幹部の葬儀が行われる。安藤は故人とはつき合いがあったわけではないが、葬儀や年忌法要は「義理掛け」といってヤクザのつき合いであり、社交の場だ。

権勢を誇示するため、高級アメ車を連ねたり、大勢の若い衆を引き連れてあらわれる親分も少なくないが、安藤はそういうことはしない。控え目にしているわけではなく、そういうことに興味がないのだ。番頭の島田、西原、それに運転手の山下の三人と出かけることが多くなっていた。各地から親分衆が集まるが、頭が切れて礼儀正しい西原は、どこへ出しても恥ずかしくなかったからだろう。連れ歩く若い衆の評判は、そのまま親分の評判になる。

先導する西原が、目ざとく高橋輝男に気づいた。境内に張ったテントのなかでお茶を飲んでいる。

西原が目礼して、

「社長、高橋さんです」

と安藤の耳元で告げた。

テントに入り、高橋とならんで腰をおろし、その背後に西原が立つ。山下は、すぐ発進できるようクルマで待っている。

「西原、〝裏口〟のほうはどうだい？」

高橋が笑って言った。

一昨年の七夕の夜、百軒店のクラブで、安藤に初めて高橋に引き合わされたとき、西原は「路地の裏口から入って玄関から広い表通りに出る」といった話をした。いま思えば顔から汗が出る。昨年七月八日、高橋は後楽園球場に特設リングを設置して、「サンディ・サドラーVS金子繁治」という世界マッチを実現させ、その名を売った。その後、鉱山事業にも乗り出し、日活国際会館という超近代ビルに大日本興行の事務所を構えていた。安藤と並んで「近代ヤクザの先駆け」と評される。二人は盃こそかわしていないが、兄弟分と言ってはばからなかった。

境内がざわついた。

「向後さんだ」

安藤が言ったが、高橋はそっぽを向いた。高橋と、住吉一家向後初代の向後平とはそりが合わなかった。近代ヤクザと、伝統を重んじる昔気質――という相剋《そうこく》を指摘する長老もいたが、人の好き嫌いは理屈ではないだろう。ともに二人は住吉一家の幹部だった。

焼香をすませると、安藤は早々に引き上げた。長っ尻は垢抜けないとして、安藤がもっとも嫌うことだった。

事務所へ帰ると、

「社長、高橋さんが撃たれました！」

三崎が椅子から飛び上がるようにして伝えた。

「誰が撃った」

「妙清寺で、日本興行と向後初代が銃撃戦です。死んだのは高橋さんと幹部、向後さんの三人です」

「わかった」

安藤が社長室に入り、黒いネクタイを外し始めた。

「行かなくていいんですか？」

西原が驚いて言った。

「うん」

「兄弟分なのに、いいんですか？」

「高橋は死んだ。終わったことだ」

凛とした安藤の言葉に、西原は身震いした。小さな、たった一つの銃弾で命は珠のように弾け飛んでしまうのだ。営々として築き上げてきた人生が、一瞬の銃声によって無に帰してしまう。それを覚悟して生きていけと安藤は言っている。男の人生は、かくも苛烈なものなのか。

目黒・祐天寺で行われた高橋の葬儀は、約七千人もの会葬者であふれた。葬儀委員長は松葉会初代・藤田卯一郎。山口組三代目・田岡一雄はじめ各地の大物組長ほか、政財界からも多数が参列した。三十四歳の若さにして、これだけの人脈を築いた高橋輝男は、やはりただ者ではないと、西原はあらためて思った。


四年生になった西原は、和道流の春季昇段審査会で四段を允許《いんきょ》された。大学四年生で四段は異例だった。

「まだ早いのではないか」

という声が審査委員のなかであったのだが、

「組手が強い、型がうまいとなれば、昇段させない理由はないのではないか。西原を落としたら、四段以上の受審者は全員、不合格にしなくてはなるまい」

と強く押す声もあり、和道流開祖・大塚博紀がうなずいて、西原に四段が贈られることになった。

タイ式ボクシングと勝負するという夢は、もちろん捨ててはいない。そのために、こうして猛稽古を積んでいる。妙清寺の葬儀で高橋に会ったとき、「今度、事務所に遊びに来い」と言われた。タイ式ボクシングが興行として成り立つものかどうか、高橋の意見を聞いてみたいと思っていたところだった。

「来週にでも、お電話をして」

と言って別れたあとで、高橋は撃たれてしまった。「明日」という不確かなものを恃《たの》みにしてはならないと、このとき西原は思い知らされたのだった。

五　「ほら、あれが本物のヤクザよ」

「健ちゃん、俺、留年だ」

山下が宇田川町の『マイアミ』に入ってくるなり言った。

「俺が学生課に掛け合ってやるぜ」

西原が腰を浮かした。

「いや、いいんだ」

あわてて山下が手を振って、

「親の手前、留年したほうがいいんだ」

と言った。

山下は空手部と応援団の両方に在籍しており、対左翼の尖兵としての貢献度は高い。掛け合えば何とかなるだろうに、山下はあえてそうしないのだと説明した。

「俺の親父は小学校の教員なんだ。就職をどうするのかうるさくてよ。だから留年ということになれば、なんだかんだ聞かれないですむだろう」

経済的に余裕があるのだろう。結構なことだ。わが家はそうはいかないと西原は思った。

「ところで健ちゃん、四段昇進、よかったな」

「何とかな」

「いろいろ意見があったって、小倉さんが言ってたぜ」

小倉は西原を空手部に勧誘した初代主将で、いまでは岡崎英城代議士の秘書をやっている。秘書になったとき、岡崎は落選中だったが、昨年二月二十七日に行われた総選挙で初当選していた。小倉だけでなく、安藤を紹介してくれた太田のお声がかりがあって、西原は陰に日向《ひなた》に選挙応援を手伝った。小倉は空手部の監督をやっており、和道流昇段審査にも立ち会っていた。

「文恵ちゃんは？」

「うん」

と、曖昧な返事をした。

「昇段の御祝いをしてくれるとか言ってたじゃないか」

「ああ、一緒にメシ食った。日曜に新宿のレストランで」

「ケンカでもしたみたいじゃないか」

「別れた」

「エッ！」

「親父の会社へ入れって、ぐだくだ言うから叱りつけた」

「泣き出した？」

「そうだ」

「で、健ちゃんのことだから席を立った」

「よくわかるな」

西原が苦笑した。

高橋が射殺されたことで、西原の気持ちは高ぶっていた。女なんかに構っていて、男が夢を為せるか。そんな張り詰めた思いがあった。そこへ親父を持ち出し、就職がどうのと言われてカチンときた。文恵が悪いわけではない。そのことはわかっているが、一度、まくったケツを男が下ろせるか。

「さあ、稽古だ」

西原が伝票をつかんだ。

文恵が西原に会うのは、それから一カ月ほどが経った梅雨入り前の夕刻だった。文恵は食事もノドを通らないほど苦しんだ。余計なことを言ったために怒らせたのだと、自分を責めた。会って謝りたかったが、西原のアパートを知らない。ひとり暮らしの男性を訪ねる勇気はなく、西原も気づかって誘ってはくれなかった。國學院大學の空手道場に行けば西原がいるのはわかっている。だが、笑顔で迎えてくれなかったなら、永遠の別れになるだろう。それが怖かった。

級友の女子学生につき合い、書店に寄った帰りだった。

「あら、映画のロケだわ！」

級友が道玄坂下の交差点を指さし、

「ね、見てみましょうよ」

と文恵の手を引いた。

ロケ現場の近くにいくと、《東興業》と染め抜かれた腕章を着用した学生たちが通せんぼした。

「カメラが回るからここは通行禁止だ！」

と居丈高な態度で言った。

「なによ、学生のくせしてヤクザみたい」

級友が小声で悪態をついたとき、ブレザーを着て、《東興業》の腕章を着用した若い男があらわれた。学生たちが口々に「押忍！」と挨拶する。

「ほら、あれ本物のヤクザよ」

と、級友が言った。

〈どういうこと……〉

文恵は混乱する頭で、西原を凝視した。

西原が気づく。

視線が絡む。

「山川さん、知ってる人？」

「まさか」

文恵はクルリと背を向けると、級友を置いて足早に歩き始めた。

六　命乞いは絶対にしない

昭和三十一年の経済白書は「もはや戦後ではない」と高らかに宣言した。敗戦から十年が過ぎ、日本経済は上昇気流に大きく翼を広げ、高く舞い上がりつつあった。

だが、この年は西原にとって、あまりいい年には思えなかった。高橋輝男が射殺されて、タイ式ボクシングの興行企画に水を差された。文恵とも別れた。石井に頼まれたパチンコ店の用心棒も、拳正会も、稽古も身が入らないでいる。うまく表現できないが、人生の歯車が、いま一つ噛み合っていないような、そんな気分だった。

師走を迎えた。今年は冷え込みが厳しく、西原と山下はパチンコ店を見回ったあと、大和田マーケットのおでん屋で熱燗《あつかん》をコップで飲《や》っていた。おでん、煮込み、餃子、ジンギスカンといった料理は、気取った宇田川より、値段が安くてうまい大和田に限る。

「遅くなりました」

息せき切って常盤峰生が店に入って来た。今年入部した北海道出身の新入生だ。ガッチリとした体型から「牛《ぎゅう》ちゃん」と呼ばれていたが、外見に似合わぬ素直な性格は好感がもてた。よく気がつくし、労を厭《いと》わない。西原好みだった。一方の常盤も、西原の男気と強さはあこがれでもあった。そんなわけで、夏前から西原の〝付き人〟を務めていた。

「ところで健ちゃん、このまま石井グループでやっていくのかい？」

山下がコップを口に運んで言う。

「いや。なんでだ？」

「石井さんがそう言ってるらしいぜ」

「石井さんが？　ああ、そういうことか」

と西原は思い当たった。パチンコ店でハイノリをやっていた不良連中をつかまえたとき、石井から、卒業したらうちのグループに来ないかと誘われたことを思い出した。

「行くとも、行かないとも返事をしなかったけどな」

「でも、石井さんは、西原はウチに来ると言ってるらしいぜ」

「構うことねぇさ」

「すぐこれだ。健ちゃん、ヤバイよ。グループに入らなかったら、石井さんに恥をかかせることになるじゃないか。会って、きちんと話しておいたほうがいいぜ」

山下は対人関係に長けていて、こういう気配りができる。そこは西原も認めるところで、山下のアドバイスはよく聞いた。

「わかった。これから石井さんにところに行こう」

「たぶん、今夜も『大陸』でジンギスカンを食ってるんじゃないか」

三人は連れだって店を出ると、マーケットの入口近くにある『大陸』に向かって歩き始めた。

「熱燗を飲んでも寒いや」

山下が身震いして、

「健ちゃんはどのグループにも入らず、一本でやるのが性分に合ってると思うぜ」

「哲ちゃんは？」

「俺たちは、もちろん西原グループだ。そうだな、常盤」

「押忍」

賑やかに話ながら、五分ほど先にある『大陸』の引き戸を開けた。店内は煙がもうもうと立ちこめ、羊を焼く匂いが鼻孔をつく。五つほどのテーブルは石井グループが陣取り、にぎやかに七輪の上の肉に箸を伸ばしていた。

「おう、西原、こっちこいよ」

奥の席から、石井が手に持った箸を振るように手招きして、

「おい」

と舎弟たちに席を詰めるよう顎をしゃくったが、

「すぐ帰りますから」

と、西原が一礼して、

「石井さん、自分のことで勘違いされているようですが、自分はどこのグループにも入らないでいこうかと思っています」

石井の顔から笑みが消えた。

〈健ちゃんのバカ！〉

と山下は腹のなかで叫んだ。石井と一緒にジンギスカンを焼いて、飲んで、機嫌良くしたところでスーッと切り出せばいいものを、正面切って言えば石井だって引っ込みがつかなくなる。西原は、こういうことには不器用だ。厄介なことになった、と山下は思った。

「どういうことだ」

石井が唇の端をゆがめた。

「自分が石井グループに入るとおっしゃっているようなので」

「俺の勘違いだってか？」

箸を置いた。

「勘違いじゃねぇ！　そういうのを筋違いと言うんだ！　てめぇ、ウチに来ねぇかと行ったら、押忍と返事したじゃねぇか！」

「それは、誘ってくださってありがとうございますという意味で……」

「バカ野郎！　来る気がねぇなら、はっきり断りゃいいだろ！　この世界じゃ、断らねぇってのはＯＫってことなんだ！」

グループの全員が石井に習って箸を置き、鋭い視線を西原に投げかけている。

「西原、ちょっとばかし安藤の兄貴に頭を撫でられたからって、調子こいてんじゃねぇぜ」

この一言が西原の心に鋭く刺さった。自分はその気がなくても、安藤に取り入り、虎の威を借る狐をやっていると周囲は見ている。

西原は愕然とした。

「健ちゃん」

山下が西原の腕を引いて、

「石井さん、自分からよく言って聞かせますので、今夜のところはこれで」

「待ちな」

石井の隣に座る舎弟の川田が呼び止めた。

「ちょっと顔貸せよ」

と周囲に目配せした。

山下の顔がこわばった。


壮絶なヤキ入れだった。

マーケット裏の暗い空き地。
七、八人が、地べたに転がった西原を、木刀でメッタ打ちにしている。相手が西原だからだろう。そのまわりを十数名が取り囲んで日本刀や木刀を構えている。拳銃を持っているのか、懐手にして身構えている者もいた。
石井グループが根城にする大和田町とあって、〝道具〟はいつでも持ち出せるよう、息のかかった店に分散して用意してあった。

西原はうつ伏して身体を海老のように丸め、打ち据えられるままにしていた。人体の急所は正中線——眉間から鼻、口、ノド、水月《みぞおち》、金的という線上に急所がある。これをやられたら命にかかわることを、もちろん西原は熟知している。言い換えれば、ここを守り切れれば生きていられる。

肉を打ち据える鈍い音が暗い空き地に響く。服もズボンもちぎれ、血に染まって、水を含んだボロ雑巾のようになっている。西原はうめき声さえあげない。

「し、死んでしまうよ！」

山下が川田にすがりついた。

「じゃかんし！　死にゃいいだろう！」

山下を足蹴にし、渾身の力で木刀を西原の背中に振り下ろす。ビクンと機械的に反応しただけだった。

川田が木刀を放り投げて、ドスを抜いた。

「指を詰めさせるところだが、ウチは禁止だ。しょうがねぇから、代わりに鼻と耳を落としてやる」

「やめてください！」

常盤が悲鳴をあげて西原に覆いかぶさった。

「お願いします、助けて下さい、自分を殺してください！」

泣きながら叫んだ。

常盤の思わぬ態度に川田は現実に返った。西原が死んだら面倒なことになる。これだけの人数でやったのだ。ことの顛末を警察で自白《うた》う人間は何人もいるだろう。石井の兄貴に類が及んでしまう。西原は何とか息はしている。いまここで死ななければいいのだ。

「もういいだろう。店じまいだ」

と川田が言った。

山下と常盤はタクシーを停め、西原とも懇意にしている町医者に担ぎこんだ。すぐ病院に入院させろと老医師は言ったが、「ワケありなんだ」という山下の一言で口をつむぎ、可能な限りの処置をしてくれた。西原を池尻にある常盤のアパートへ運んだ。

山下と常盤が交代で見守った。虫の息だ。昏々と眠り続ける。死ぬかも知れない――常盤の目が、山下に訴えていた。

西原は一週間ほどして、少しなら口がきけるようになった。山下が件《くだん》の町医者に懇願して二度ほど往診してもらったが、「脳や内臓の状態がわからないので、いつ急変するか予断を許さない」と厳しい顔で言った。

「健ちゃん、入院しようか？」

山下が耳元で問うと、西原は目を閉じたまま、首を小さく横に振った。常盤も老医者も入院させるべきだと言ったが、山下は首を縦にふらなかった。高橋輝男の葬儀の後、渋谷のスタンドバーで西原は言った。

「銃弾一発で、人間は死んでしまうんだ。呆気ないね。そう思ったら、生きることにもがくなんて、バカげていないか？　死にかけたら、じたばたしないで、死ねばいい」

それに――と山下は思った。西原は、こんなことで死ぬ男じゃない。

翌朝も、その翌朝も、山下はあとを常盤に頼んで出かけて行った。青山学院大学の正門で山川文恵の姿を探した。うわごとで西原が彼女の名前を口にした。いや、口にしたような気がした。空耳だったかもしれない。だが、西原がいまいちばん会いたい人間は誰かと言えば、彼女だろうと思った。

三日目、黒のハーフコートに白い毛糸のマフラーを巻いた文恵が、急ぎ足で正門を入ってくる。吐息が白い。

「文恵ちゃん」

山下が背後から呼び止める。

肩にかかった文恵の長い髪が揺れた。

文恵が顔をのぞきこんでいる。

西原は夢を見ているのかと思った。

「目がさめたみたいだな」

山下の顔があった。

その横に、文恵の泣きそうな顔。

「どうして……、ここにいるんだ……」

あえぎながら言う。

「山下さんから。大丈夫？　こんなになって」

西原が小さくうなずく。

「よかった」

「健ちゃんでなけりゃ、とっくに死んでるだろうって、医者が感心していた」

山下が言ったとき、玄関のドアが勢いよく開き、常盤のあとに続いて巨漢が入ってきた。

「花形さん！」

山下が驚いて腰を浮かせる。

「話《なし》は聞いたぜ。で、どうなんだ」

「な、なんとか……」

西原が起き上がろうとするのを花形が制して、

「寝てろ」

「花形……さん、百軒店で……」

「わかっている」

「命乞い……、しなかった……」

花形がうなずいた。

〈敬さんは覚えていたんだ！〉

山下が納得した。

百軒店の一件については、山下は西原から何度も聞かされていた。自分にとっては人生を左右する強烈な体験でありながら、当の花形に記憶がない。そのことが残念だと、西原は酔うと口にすることがあった。

ところが、花形は忘れていたわけではなかった。山下の知る花形は、情は深いが、それを口にしたり、態度に見せることのない人間だった。まして西原が、花形とそりの合わない石井に繋がっていると見ている以上、素っ気ない態度を取るのは当然だったろう。グループ入りを断って、石井にヤキを入れられたことで、花形は自分が誤解していることに気がついたのだろうと思った。たぶん、いや、きっと花形は、鼻っ柱の強い西原が可愛いのではないか。

「哲、西原はなんで立ち向かわなかったんだ?」

「たぶん、原因は自分の曖昧な態度にあったと思っているからじゃないですか。そういう男です」

「あのう」

文恵が口をはさんだ。

「なんだ、お嬢ちゃん」

花形が疵だらけの顔を向ける。

「私、ヤクザが嫌いです」

山下がヒヤリとしたが、

「フッフッフ」

と花形が含み笑いをして、

「俺もヤクザが大嫌いなんだ。だけどな、お嬢ちゃん。好かれようと思ってヤクザやってる男なんか、一人もいやしないいんだぜ」

花形が立ち上がり、山下と常盤が外まで見送った。

この年、安藤は赤坂に「東興業赤坂支部」を開設し、支部長に志賀日出也が就《つ》いた。渋谷から来て、赤坂見附の交差点を四谷へ左に曲がる角、現在サントリーのビルが建っているあたりだった。島田を安藤組の参謀とすれば、志賀は副将格だった。将来の発展を見越し、ここに志賀を据えたのだ。

安藤組という台風は急速に渦を巻き、東京の街を席巻していく。

七　興行ビジネス

昭和三十二年三月、西原は國學院大學経済学部を卒業した。

いつも道場にいて、後輩たちは授業に出る西原を見たことがなかったが、公立の進学高校の卒業なので、勉強はできたのだろうとウワサしていた。

三月末、安藤が桜を見に行こうと、向島の料亭『四葉』に西原を誘った。卒業祝いを兼ねてということだったが、安藤が一介の組員にそんなことをするのは異例だった。山下の運転で出かけた。

両国付近を走っているときだった。低く、リズミカルな声が後部座席から聞こえてきた　西原が耳を澄ませる。

♪　トントン　トンガラシは　辛《から》いネ……

安藤が小唄を口ずさんでいた。何を考えているのだろう。川沿いの桜並木に視線を投げかけていた。

お座敷で飲むのは、西原も山下も初めてのことだ。しかも安藤と差し向かいで座れば、自然と身体が固くなる。山下がいるのは心強かった。馴染みとあって、酒を飲まない安藤に煎茶が運ばれてくる。

「遠慮するな」

と言われ、運転役の山下はビールを一本だけ。西原は、お銚子を頼んだ。

「昔——不良やって、懐がピーピーしているころ、ここに来たのが最初なんだ。なあ、女将」

「ええ、もう大騒動で。おかげさまで、こうしてご贔屓《ひいき》にしていただいてます」

六十がらみか、粋筋風の女将が西原にお酌をしながら笑った。

「社長。ピーピーしているのに、どうして座敷に上がれたんですか？」

山下が如才なく話を引っ張る。

「無銭飲食さ」

「まさか」

西原が引き込まれる。

「仲間五人と、白タク探してさ。そのころ、自家用車の運転手は、よく白タクのバイトをやっていたんだ。で、ピカピカの白いキャデラックを停めてさ。向島——この店にデーンと乗りつけた。白タクを払えって運ちゃんが怒るから、〝まあそう言わないで一緒に遊ぼうぜ〟とか何とか丸め込めて、お抱え運転手ということにした」

「不良ぽいけど、キャデラックに、お抱え運転手ですからね。信用してしまいますよ」

と、女将。

「食糧難の時代で、世間じゃ、芋のツルを食っているってぇのに、ここだけは別天地。トンカツだろうがマグロの刺身だろうが、なんでもあった。三日間、居続けでさ。芸者も総揚げして、この世の極楽を満喫した」

「そして四日目でしたね。お勘定をお願いしたら、平気な顔して〝ない〟ですもの」

安藤も笑って、

「で、人質に一人置いていくことにしたんだけど、身請けする気はハナからないし、野郎もそのことがわかっているからイヤだとゴネる。しょうがないから、運ちゃんに〝ズラかるからエンジンかけて表で待っててくれ〟って言った。運ちゃんが目を剥いた顔、いまでも忘れないよ」

西原も山下も、芸者衆も、腹をかかえるようにして笑った。

寡黙な安藤昇は、聞かれたことに手短に答えるだけで、自分から座談の中心になることはない。少なくとも、そんな安藤を西原は見たことがなかった。振幅の大きさを人間の器というなら、さすが安藤昇だと、西原は改めて思った。

ひとしきり飲み、芸者の三味と踊りを楽しんでから、安藤が言った。

「来春、南極観測隊が日本を発つ。家族慰安ということで、うちで興行を打つことにした。西原、おまえが仕切れ」

酔いがいっぺんに醒めた。

「太田に相談するといい。あいつは興行に詳しいはずだ」

と、西原を安藤に紹介した國學院大學ＯＢの名前を口にして、

「経費については島田に言っておく」

と告げた。

安藤の頭には、山口組興行部の隆盛があった。テレビの本格放送から三年。お茶の間にテレビが普及しはじめ、歌謡曲は庶民の最高の娯楽になっている。いつのころから考えていたのかわからないが、安藤は西原に興行部門をやらせるつもりだった。西原にとっても、これは飛躍のチャンスだった。

「成功させてみせます」

西原は居住まいを正すと、深々と頭を下げた。

翌日、西原は山下を伴い、原宿にある太田の敷島企画を訪ねた。

社長室の壁に国旗が下がっている。有名俳優や歌手たちと並んで撮った写真が掛けてあるかと思えば、『任侠』と揮毫《きごう》された書もある。どこで撮られたものか、吉田茂元総理と並んで写っている写真もあったりで、初めての人間は、何の事務所かわからないだろう。

話を聞き終わると、太田は突き出た腹を撫でながら、

「歌謡ショーの狙いはなんだ」

「安藤組、いえ東興業の名を全国に売ることです。興行がやりやすくなります。だから今回はチャリティーです」

「カネより名前だな」

「はい」

「よし。まず会場を押さえろ。千駄ヶ谷の東京体育館がいいだろう。あそこがいちばん大きい。慰安ということだから名目上の会長を立てろ。宮家がいい。箔がつくし、荷（芸人）も出やすくなる。これは、俺のほうで当たってやる。人気スターをずらりと並べるんだ。後援に新聞社をつけろ」

矢継ぎ早やに指示し、山下が忙しくメモを取る。

「それから」

と、ひと息ついて、

「おまえ、どこに住んでいる」

「代々木のアパートですが」

「引っ越せ。竹下通りから入ったところの原宿ハイツに空き室が出たと、さっき不動産屋が言ってきた。あそこは芸能人も住んでいるから、ハッタリがきく。電話を引いて事務所を兼ねろ。代々木のアパートを名刺に刷るわけにもいくまい」

昼メシをはさんで、午後遅くまで打ち合わせをした。チャリティーショーの名称は『歌うスター櫻祭り』とした。安藤の了解を得て正式決定し、名刺や依頼文をつくる手はずとした。

太田の事務所を辞すと、渋谷へ取って返し、花形の溜まり場である宇田川町の喫茶『マイアミ』をのぞいた。

「花形さん」

「おう、西原か」

「ありがとうございました」

「なんのことだ」

「石井さんと話をつけていただいたそうで」

「世間話をしただけだ」

「舎弟にしてください」

西原が頭を下げた。

「舎弟は持たねぇんだ。それに、石井だっておもしくねぇだろ」

と、突き放すように言った。

花形には、常弘という唯一の舎弟がいた。新宿のテキ屋出身で、花形とは古いつき合いだ。人当たりがよく、花形の番頭役を務めていた。取り巻きはたくさんいたが、常弘のほか、舎弟はいない。花形の眼鏡にかない、舎弟が務まるだけの器量を持った人間は、そうはいなかった。

西原なら舎弟にしてもいいと、花形は心では思っていた。みどころがある。「俺が舎弟にした」と一言いえばいいだけのことだ。石井は文句はいうまい。だが、石井グループに足を引っぱられるようなことがあれば、西原のためにならない。

「舎弟にするわけにゃいかねぇが、一緒に飲むのはかまわねぇぜ」

謎かけのような言い方をした。表だっては兄弟《あにおとうと》にはなれない——そう言ってくれているのだ。西原と花形の関係は、いわば〝非公然の舎弟〟ということになるだろうか。「兄貴」ではなく「敬さん」、そして「西原」という呼び捨てでなく「健坊」と呼ぶようになる。縁というものは、その一本一本は無関係につながっているように見えて、高い位置から俯瞰すれば、人間関係が蜘蛛の糸が絡まり合っていることに気づくだろう。大学に入った年の百軒店での出会いは、実は最初から絡まり合っていたのかもしれない。

東京体育館は、二月二日を押さえた。名誉会長は宮家の賀陽宮《かがのみや》にお願いして内諾を得たと太田から連絡があった。あとは映画俳優と歌手をリストアップして、出演依頼をしていけばいい。

西原の誤算は、後援してくれる新聞社との交渉だった。これがうまく行かなかった。新聞社が後援につかなければ格好がつかない。後援メディアは事前告知からショーの様子までを報道してくれるため、大きなPR効果が期待できる。南極観測隊員の「家族慰安」であり、人気スターが一堂に介すとなれば、競うようにして後援してくれるだろう。

そう思って新聞社を回ったところが、どこも乗ってこなかった。一般全国紙は主催者を調べ、安藤組が関係しているという警察情報で手を引いた。スポーツ新聞は、ショーそのものの実現性を疑い、詐欺の片棒を担がされるのではないかと敬遠した。

「こんな企画が実現するはずないでしょう」

と某スポーツ紙の事業局長は、西原にあきれてみせた。

「どういうことですか?」

「どういうことって、五社協定で出られるわけないでしょう」

「なんですか、それ?」

「お宅、五社協定も知らないで、よくこんな企画を考えるね」

上から目線に西原は辛抱した。「てめぇ、誰にもの言ってんだ!」——とケツをまくったのでは、相手は恐れ入るだろうが、それでは仕事にならない。すぐに太田のところへ教えを請いに行った。

　五社協定というのは松竹、東宝、大映、新東宝、東映の大手五社が協定を結び、監督および専属俳優の引き抜きを禁じたのである。狙いは日活が映画製作再開に向けて動き始めたことへの対策だったとも言われている。要するに俳優に対する〝縛り〟で、違反すれば映画界から追放されることになる。

　西原はこれに憤然として言った。

「映画会社が勝手に取り決めたことでしょう。てめぇらで守ればいいだけのこと。うちの知ったことじゃないですよ」

　映画ロケのガードを自分たちで仕切ってきた。渋谷のみならず、新宿ロケでも、安藤と兄弟分の加納貢に話をし、『東興業』の腕章を着用して人を出している。西原にしてみれば、冗談じゃねぇ――ということになる。

　すぐさま西原は、日活を含めて六社をぐるりとまわり、

「念のため申しあげておきますが、安藤組は映画会社でもテレビ局でもありません。五社協定などというものは一切認めていないので、無用の摩擦はご遠慮願いたい」

　紳士的に恫喝《どうかつ》した。

　異を唱える映画会社は一社もなかった。というのも、安藤と映画界との関わりは古く、安藤

組を設立する前、昭和二十一年に起こった「東宝争議」からのつき合いだ。日本映画界最大の労働争議で、二年にわたって紛糾。昭和二十三年八月十九日の第三次争議では、労働者二千五百人が砧撮影所に立てこもり、警官隊二千人にくわえて、カービン銃で武装したアメリカ軍MP百五十人、装甲車六両が出動している。東宝の用心棒をしていたのが万年東一で、安藤グループは万年の関係から、スト破りなど実働部隊として活躍する。これをきっかけとして、東宝と、そこから独立してできた新東宝とつき合いが始まっていくのだった。

「安藤組はヤバイ」

と映画界を震撼させたのは三年前、昭和二十九年の夏前のことだ。安藤と仲のよかった俳優の堀雄二が、三船敏郎を連れて安藤が経営するバー『アトム』にやってきた。堀と三船は第一期東宝ニューフェイスで親しかったのだろう。「安藤さんを紹介する」ということだった。当時、三船はすでに大スターだったが、ヤクザと芸能人のつき合いは珍しいことではなかった。

この日、安藤はケンカの手打ちがあって高円寺に出かけていて、約束の時間に少し遅れて『アトム』に顔をだすと、三船はすでに酔っ払っていた。三船が酒乱であることを知らない安藤は、時間に遅れたこともあり、宮益坂のナイトクラブ『パール』に案内しようとタクシーを止めた。三船が先に乗り込み、それに安藤が続いたところが、三船が理由もなく、いきなり安藤の顔を手で叩いたのである。

頭にきた安藤が、三船をクルマから引きずり降ろしてブン殴った。それを見た若い衆たちが

夏の海水浴場。左から2人目、サングラスをかけているのが花形敬、その右で肘枕をして笑顔を見せているのが、西原健吾。

駆け寄り、殴る蹴るで三船を半殺しにし、道路で気絶した三船をほったらかしにして引き上げた。

これが事件になった。大スターへの暴行ということで警察が動き、若い衆二人が逮捕されてしまったのだ。

「悪いのは三船だろ！」

怒った安藤が関係者を通じて三船に次のメッセージを送った。

「もし、二日以内にうちの若い者が留置場から出てこれなかったら、おまえが二度と俳優ができないように、顔を十文字にハスってやるから覚悟しておけ」

泡をくった三船は、すぐに警察に掛け合った。

もちろん被害届も出さない。若い衆二人は釈放され、顔を包帯で巻いた三船が改めて安藤を訪ね、謝罪した。

顔の腫れが引くまで撮影は中断された。

こんなこともあり、映画界で安藤組の名は轟《とどろ》いていた。

西原は手際よく話をまとめていった。引っ越しも終えた。クルマもアメ車のダッジを手に入れた。

迷ったが、九州の母親には、芸能イベントの会社に就職したと手紙を書いて安心させた。文恵とは、常盤のアパートで再会してから、たまに会っていたが、チャリティーショーの準備に忙殺され、しばらく疎遠になっていた。

早朝、文恵が思いつめた顔で原宿ハイツに姿を見せた。

「この時間なら健吾さんがいると思って」

「入れよ」

文恵が首を振って、

「お願いがあって来たの」

と言った。

「カタギになれってのなら無理だ。俺は離陸を始めた飛行機と同じだ。ここまできたら、操縦桿を引いて飛び上がるしかない」

「じゃ、私をここに住まわせて」

「パパがいいって言ったかい？」

「茶化さないでください」

「だめだ」

「だったら私を……、私を抱いて下さい」

泣いていた。

西原は文恵の目を真っ直ぐに見た。

見つめ合ったまま、文恵がゆっくりとパンプスを脱いだ。

八　ケンカは頂上を狙え

安藤組の賭場は毎月「四九《しく》の日」に開帳された。四日、九日、十四日、十九日、二十四日、二十九日に、都内各所の常設会場や、箱根の旅館を借り切って行うなど、関東屈指の規模を誇った。

博奕は関東で主流の《バッタまき》で、赤黒札二組九十六枚を混ぜ合わせて使用する。アト・サキ三枚ずつが中盆の手によって順に伏せられたまま配られ、中盆が駒を呼んで、アトサキ同額になったところで勝負。勝った客は、勝ち金額の五パーセントをテラとして支払う。

新しい時代を先駆ける安藤が、なぜ賭場という旧来のシノギにこだわっているのか、西原は引っかかりをおぼえたが、急速に膨張していく組織を経済的に支えるには、賭場を開くのが手っ取り早いのだろうと思った。

ヤクザ社会の錚々《そうそう》たる顔ぶれも遊びに来た。松葉会初代の藤田卯一郎、そして当時は鶴政会と名乗り、のち稲川会初代となる稲川聖城、そして渋谷の老舗博徒である落合一家六代目の高橋岩太郎などが賭場に顔を見せていた。

藤田親分は若い衆も連れず、一人でぶらりと遊びにきた。高橋親分は、安藤を「安ちゃん」と呼んで親しくした。稲川親分は若い衆に金を渡して博奕をさせておいて、自分は芸者を呼んで賭場の二階で遊んでいる。安藤の賭場を盛り立てるために、わざわざそうしていた。稲川親分とは神田の女博徒、おしま姐さんの紹介で知り合った。安藤は「貸元」と呼び、稲川親分は「安ちゃん」と呼んで、いいつき合いをしていた。

身体が空けば、「四九の日」は、西原も賭場に詰めていた。賭場は富裕層や社会的立場にある上客が多く、他組織の人間にモメ事を起こされるようなことがあれば足が遠のいてしまう。度胸があって、腕に覚えのある組員が警備についていた。

その夜、渋谷のテキ屋、武田組の人間が遊びに来た。武田組は江戸時代から続くテキ屋で、親分の武田一郎と安藤は終戦のころからいいつき合いをしているが、末端の組員同士となればツノを突き合わすことが多く、しょっちゅうゴタゴタしていた。

西原は男に神経を尖らせた。飲んでいるのか、立て続けに負けると、

「どうなってんだ」

と声を荒げた。

西原がすかさず男の背後に身を寄せて、

「お客さん、お疲れでしょう。隣の部屋でひと息入れて下さい」

丁重に言う。

「そうかい」

男が立ち上がり、隣室に入ると、ギョッとして立ち止まった。自動小銃とライフルが、壁に

ズラリと立てかけてある。西原がドアを閉めて、低い声で言う。

「うちの賭場には二度と顔を出すんじゃない」

男は声も出なかった。

〈いずれ武田組とは抗争事件が起こるだろう〉

と西原は思った。

安藤組は勢いがあり過ぎた。


抗争の導火線に火がついたのは、数日後の夕刻だった。

安藤組の榎本公一が酔って武田組の屋台を叩き壊し、一緒にいた日山正照と共にさらわれてしまったのだ。場所は大和田マーケット。大和田町はテキ屋・武田組の〝庭場〟だ。黙っているはずがなかった。

すぐさま三崎が、安藤組幹部と主だった人間に声をかけた。安藤の耳に入る前に、自分たちで解決すべきだと思った。連絡のついた数人が、宇田川町の渋谷会館地階にあるトリスバー『地下街』に集まった。

花形と飲んでいた西原も、一緒に駆けつけた。

「いい機会だ。武田を殺っちまおうぜ」

花形が面倒くさそうにそうに言うと、

「その前に二人をもらってこなくちゃなるまい」

花田が異を唱えた。

「俺もそう思う」

石井が同調して、三崎を見た。

「武田を狙えば全面戦争になる」

三崎の言葉に、花田も石井もうなずいたが、

「いいじゃねぇか」

花形は引かなかった。

「どうせ白黒つけなきゃなんねぇんだ。今日も明日もねぇだろ」

「だけど。安藤の指示なしで、それはできねぇ」

三崎にそう言われてしまえば、花形もそれ以上、押すことはできない。

「勝手にしろ」

と、そっぽを向いた。

「ここはまず、榎本と日山を取り返すのが先決だ。ケジメのつけ方はそれから考えよう」

と三崎がまとめた。

「じゃ、俺が掛け合ってくる」

と言って花田が立ち上がった。

「自分がお伴します」

西原が腰を浮かせると、

「健坊、出しゃばるんじゃねぇ」

花形が不機嫌な声で言った。


深夜まで待ったが、花田は帰ってこなかった。

監禁されたと考えるべきだ。

花形が西原に命じた。

「健坊、みんなを集めろ。『立花』だ」

『立花』は円山町の料亭で、安藤組の息がかかっていた。

三崎が安藤に報告するため、電話に向かった。今夜は都内の料亭を借り切って、例会の博奕を開帳している。大事な客が来るということで、安藤も顔を出している。三崎が状況をかいつまんで報告する。

「わかった」

とだけ安藤は言った。

非常招集がかけられ、組員が〝道具〟を持って続々と集結する。未明になって、島田から電話があり、西原と山下が事務所に呼ばれた。

事務所に駆けつけると、安藤と志賀がいた。ワイシャツ姿の二人はホルスターを襷掛《たすきが》けにして、二丁拳銃を吊るしていた。

「出かけるぞ」

安藤が命じて背広に袖を通した。安藤と志賀が後部座席に座り、西原が助手席、運転は例によって山下だった。

「尾津の家《ヤサ》だ」

安藤が短く言った。

西原に緊張が走る。尾津組は関東屈指のテキ屋で、会長の尾津喜之助は大親分として世評に高い。尾津は武田一郎の親分筋に当たることから、安藤は尾津と話をつけるつもりなのだ。

「ケンカは頂上を狙え」――安藤にそう言われたことがある。

「蛇と同じですか?」

「違うな。あそことやれば自分が狙われるとわかってりゃ、若い者にケンカさせないようにする。だから、あそこの組は必ず頂上を狙ってくるという実績が大事だ」

なるほど、そんなものか――と、そのときは聞き流したが、まさか尾津組長に掛け合うとは思いもしなかった。話がつかなければ殺る覚悟だ。安藤も、志賀も、部屋住みの若い衆たちに、その場で蜂の巣にされるだろう。組員に武田組とドンパチやらせておけば、自分は安泰だ。

組員に犠牲は出るが、力関係からいって最後は安藤組が勝つ。

ところが、安藤はそうはしない。刺客を飛ばすわけでもない。みずから身体を懸けて乗り込むのだ。乾坤一擲《けんこんいってき》の大勝負を挑む度胸が、安藤昇というカリスマをつくったのだと西原は思った。

♪　トントン　トンガラシは　辛いネ……

低く、安藤が口ずさんでいる。両国の料亭『四葉』にいくクルマのなかで見せた横顔と同じだった。マーキュリー・コンバーチブルは、白々と夜が明け始めた山手通りを新宿に向かって疾駆する。

尾津会長の邸宅をゆっくり旋回する。初夏をひかえて夜が明けるのは早く、邸宅の新緑が朝陽を受けて光っていた。門は閉まっている。少し離れた位置にクルマを停めてから、安藤が西原に命じた。

「これから俺と志賀がなかに入る。十五分してもどってこなかったら『立花』に電話しろ。島田が詰めている。武田のところへ殴り込め」

「自分もなかに入ります」

西原が言った。

「おまえには、まだやることがある」

「社長たちだけ行かせるわけにはいきません」

「死ぬときは一瞬だ。死に急ぐことはない」

六時。ガラガラと音を立てて、部屋住みが門を開けた。安藤と志賀が拳銃の装填《そうてん》を確かめ、安全装置をかける。

「出せ」

マーキュリー・コンバーチブルが邸宅前に横付けになった。安藤と志賀が門を入っていく。西原が拳銃を取り出して銃把を握る。クルマの窓を下げると、玄関を凝視し、耳を研ぎ澄ませた。

安藤の声が玄関から聞こえる。

――朝っぱらから申しわけありません。私、渋谷の安藤と申します。会長ご在宅でしたら、ちょいと急ぎの用で出向いたとお伝え下さい。勝手ですが急ぎます。

部屋住みが応対する声が聞こえてから、

――おお、かたいことは抜きだ。

尾津会長だろう。野太い、快活な声が聞こえた。

武田が安藤組と渋谷で小競り合いを起こしていることは、尾津会長も前々から耳にしていた。ヤクザがケンカするのは、三度のメシのようなものだと笑っていた。安藤昇という若い組長が「インテリヤクザ」と呼ばれていることも承知しているし、なかなかの器量だという評判も聞いている。だが所詮、学生くずれで、相手にする気にもならなかった。

ところが、その安藤が乗り込んできたのだ。

「昨夜、武田組ともめまして、ご縁続きのお宅様に掛け合いに参りました」

丁重な言葉づかいだが、刺すような目で口上を述べた。俺を弾いて、自分も死ぬ覚悟であることはわかっている。なるほど、たいした器量だと尾津は思った。

「そうかい。武田には、俺からよく言っておこう。——おい、酒だ！」

若い衆に冷や酒を持ってこさせ、尾津が安藤と志賀に注いで、

「いい根性だ」

と言ってカラカラと笑った。


西原は、数秒おきに腕時計に目を落としていた。

安藤が尾津邸に入って十二分……。物音一つしない。刺されたのか？　いや、そうなら取っ組み合う音がするはずだ。いきなり背後から日本刀で首を斬り下げられたか？　まさか。安藤はそんなに甘くはない。銃把を握る手が、じっとりと汗をかいていた。

「健ちゃん、何分だ？」

山下が引きつった声で言う。

「十三……、いま十四分だ」

左手には十円玉を握っている。あと一分して安藤たちが出てこなければ、総攻撃開始の電話を

かける。渋谷の街は大変なことになるだろう。あと三十秒。心臓の鼓動が高鳴り、呼吸が浅くなった、そのとき、安藤たちが部屋住みに見送られて玄関から姿をあらわした。

「出てきた……」

山下が、詰めていた息をゆっくり吐き出した。

第三章　薫風《くんぷう》

一　格闘技ビジネスへの礎

西原健吾は、順風に帆を張るような日々を送っていた。
花形から渋谷のダンスホール『ハッピーバレー』をまかされた。フルバンドが入る人気の店で、フロアも広く、三、四十組が踊れた。宮益坂交差点に近く、東映系の映画館『渋谷全線座』の地階にあった。ここは花形が面倒をみており、毎月のカスリを取っていた。國學院を卒業したばかりの若い西原にまかせるというのは、それだけ花形が信頼し、可愛がっていたということになる。

律儀で責任感の強い西原は、毎晩、『ハッピーバレー』に顔を出した。指定席は、入口を入って右手、カウンターの左隅だった。ここに陣取って、ブランデーをやりながら店内に目を光らせていた。ヤクザや不良は、この店の〝ケツ持ち〟が誰だか知っているし、西原の顔はもちろん承知している。だから行儀の悪いことはいっさいしない。ところが、そうと知らないチンピラが他所からやってくることがある。

先夜も新顔のチンピラ三人がやって来て、西原に並んでカウンターに坐った。席が空いているのに、わざわざ詰めて坐るのは、インネンでも吹っかけて、恐喝でもするつもりなのだろう。童顔で、白い前歯が特徴の西原は、ケンカを売られやすいタイプだった。

「鬱陶しいから席を一つあけな」

西原が言った。

「どこに坐ろうと勝手だろう」

チンピラの一人が〝止まり木〟から降り立った。

「威勢がいいな」

「うちに来るのは初めてだからでしょう」

中年のバーテンダーが、カウンターの向こうでニヤニヤした。

「てめぇ！」

チンピラがビール瓶を逆さに持って殴りかかった、その刹那、西原の前蹴りがチンピラの顎に飛んでいた。チンピラ二人が立ち上がって身構えたところへ、フロアを見回っていた小野と熊崎がもどってきた。

「なんだ、てめぇら」

と言うなり熊崎が顔面に突きを入れると、小野がもう一人の首を背後から締め上げ、

「こいつら、外へ捨ててきます」

と西原に言って、チンピラ三人を表に連れ出した。

小野も熊崎も日本大学に籍を置く学生で、小野が柔道四段、熊崎が空手三段。西原に惹かれて舎弟になった連中だった。角刈りの小野はガッシリとした体格で、寝技の練習のせいで耳が潰れているし、熊崎は小野より背が高く、百八十センチは超えているだろう。西原グループの武闘派たちで、花形を頂点とするステゴロ集団だった。

しばらくして、救急車のサイレンが聞こえてきた。

「ちょっと力が入りすぎたみたいで」

と熊崎が拳を鳴らせば、

「締めたら、落ちてしまって」

と小野が肩をすくめる。

そこへ、社長の樋口大祐が騒ぎを聞いてやって来た。西原から事情を聞くと、樋口はマネージャーを呼んで、

「すぐ病院に行って話をつけておけ」

と命じた。

樋口は西原のことを可愛がっており、事件にならないよう配慮したのだ。マネージャーも心得たもので、病院へ素っ飛んで行くと、三人が治療を終えるのを待ってこう言った。

「あの人たち、安藤組なんだ。あとで大変なことになるよ。殺されでもしたらウチにも迷惑がかかるからさ、すぐ渋谷から逃げてくれないか。間違っても警察沙汰なんかにするんじゃないよ」

チンピラ三人は泡を食って逃げ出したと、帰ってきたマネージャーが笑ったが、樋口社長は険しい顔で、

「健ちゃん、店をみてもらっていてこんなこと言うのもなんだけど、将来ある身なんだから、つまらないケンカには気をつけなくちゃ」

と忠告した。

樋口社長は『ハッピーバレー』だけでなく、映画館『全線座』や銀座でダンスホールを経営する一方、映画『歌ごよみ お夏清十郎』をプロデュースするなど、レジャー産業界で活躍していた。活動弁士出身という異色の経歴の持ち主で、「ヤクザが実業界に進出して何の不思議もない」と言って、西原を励ましていた。西原にとって樋口社長は、いずれ〝表通り〟に飛び出すための貴重な人脈でもあった。

「チャリティーの準備はどう?」

樋口が話題を変えた。

「問題なく進んでいます」

「それはよかった。『桜祭り』を成功させれば、健ちゃんもプロデューサーとして名前が売れ

る。安藤さんも喜ぶだろう。で、神戸は？」

「挨拶に行ってきました」

神戸とは三代目山口組のことだ。これから興行を手がけていくには、山口組芸能部に挨拶をしておいたほうがいいという樋口社長のアドバイスでもあった。後年、安藤昇を欠いた安藤組が劣勢に立たされたとき、山口組から移籍の誘いがあるのは、こうしたつき合いを通して西原を評価していたからだった。山口芸能部は昭和三十三年四月、神戸芸能社として法人登記され、美空ひばりが所属するなど芸能界で隠然たる力を持つ。これもまた、西原の言う「表通り」での活躍ということになる。

洋々と広がる前途に向けて順風に帆を張る——そんな気分だった。

翌日、山下を伴って太田の敷島事務所に顔を出し、チケットやポスターの印刷の打ち合わせをした。

太田が出演予定者名簿を目で追う。司会が古賀さと子、志摩夕起夫、ロイ・ジェームス、出演者は森繁久彌、小林桂樹、高島忠夫、宇津井健、鶴田浩二、久慈あさみ、小坂一也、榎本健一、脱線トリオ……と、人気スター三十八名が並んでいた。

太田は口笛を吹いた。

「よくやったな。芸能界に顔がつながっただろう」

「少しは」

「謙遜しなくていい。だけど、お前は代議士秘書にしたほうがよかったんじゃないかと、いまでも思ってるんだ」

「健ちゃんなら、そっちでも大成功だ」

山下が得意になって言い、太田が苦笑してから西原に向き直り
「小倉は再来年、渋谷区の区議選に出馬するそうだ。準備を始めた」

「いよいよですか。空手部の総力をあげて応援します」

「頼むぞ。空手部といえば、お前、監督になったんだってな」

「ヒマ人ですから」

「おまえの人望だ。そういえば、話は変わるが、いつぞやタイ式ボクシングの興行がどうのと言っていたな」

「なにか？」

「面白いかもしれないと思ってな。スターをつくってプロレスブームの次を狙うんだ。いつまでも力道山じゃないだろう」

「だけど、行くのは大変ですね。呼ぶのはもっと大変だ」

一般市民が自由に外国へ旅行できるようになるのは昭和三十九年以降のことで、当時は外貨の持ち出しが政府によって厳しく規制され、外国への旅行は業務や視察、留学などに限られ、

簡単に渡航できなかった。

「国会議員をつかえば何とかなる」

「『櫻祭り』が終わったら、行って見てきましょうか？」

「健ちゃん、自分で試すんだろう？」

「戦うのか？」

「押忍。そっちの根回しもお願いします」

「お前という男は……。わかった」

太田は真顔で言った。


数日後、西原は小倉の紹介で、日本空手協会を設立した中山正敏に面会した。小倉は旧制中学時代、日本に空手を伝えた船越義珍の松濤館道場に通っており、このときの指導者の一人が、当時、三十代前半の脂が乗りきった中山正敏であった。

中山は昭和二十九年暮れ、タイ国政府の要請で、タイ警察に空手指導に行った斯界《しかい》を代表する人物の一人で、西原はこのことを報じる記事をスポーツニッポン新聞で読み、タイ式ボクシングへの挑戦を夢見た。縁《えにし》はこうして蜘蛛の巣ように繋がり、人生に一つの幾何学模様をつくっていく。

中山は話し始めた。

タイ式ボクシングと便宜的に呼んでいるが、正式にはムエタイと言い、一説には四百年の歴史を持つタイの国技であること、グローブを着用し、パンチ、キック、肘打ち、膝蹴り、首投げなどの技をつかって五ラウンドを戦い、ＫＯか判定で勝敗が決することを説明して、

「武道のように、精神性を求めるものではなく、格闘術です。足技に優れていて、中段、上段に矢継ぎ早に蹴りが放たれるため、間合いを詰めていくのが難しいでしょう。よしんば間合いをつめることができたとしても、すぐに〝首相撲〟に持ち込まれ、膝蹴りが執拗に繰り返される。接近戦は不利です。突きでは勝てないと思ってください」

そして、空手では用いないムエタイのローキックは、くらうと一発で立てなくなることなどを、空手家の目で冷静に分析し、

「空手は木刀の強さ。対してムエタイは、しなやかなムチの強さ——ということでしょう。あの華麗なフェイントは空手にはないものです。タイで戦うつもりですか？」

「できれば」

「ムエタイは賭の対象です。会場はものすごい熱気ですよ。有望選手は、小学生のころからジムに住み込ませて育てるんです。チャンピオンになれば、それだけで選手もジムも食っていける。ムエタイには人生がかかっているんです」

甘い気持ちは捨てよという、年長者の慈愛を込めた忠告だった。

中山のもとを辞し、待機していた山下の運転で、西原は事務所に向かっていた。押し黙って

考えている。肘打ちも、膝蹴りも空手にはある。とすると、まず練習すべきは蹴りの連続技と、フェイントか……。蹴りは道場で練習できるが、フェイントは勝手がわからない。ボクシングジムだ。

「哲ちゃん、どこかボクシングジムを知らないか？」

「恵比寿に野崎ジムってのがあるけど。評判、いいみたい」

タイ式ボクシングの対策であることは、もちろん訊かなくてもわかっていた。

週二、三回、道場に顔を見せていた「西原監督」が、毎日、道場へ練習に来るようになった。迷惑したのは、組手の相手をさせられる後輩たちである。身体を左右に振って妙な動きをしてみせたり、中段、上段に蹴りの連続攻撃を仕掛けてきたり、空手にない組手スタイルなのだ。

入れ替わり立ち替わりで相手をさせられるのだが、いつも割りを食うのが一年生の落川義人だった。体格が西原と似かよっているので、対戦相手に見立てているのだろうが、落川はそんなことはわからない。それに高校時代から空手をやっていて腕も立つ。高校時代は不良。よって西原好み――となれば、

「おい、攻めてこい！」

毎度のご指名となる。

落川はもちろん歯が立たないが、身体を左右に振って奇妙な動きをしているときに踏み込ん

で蹴りを放つと、これがきれいに決まる。

〈あッ！〉

と落川が思ったときはすでに遅く、

「入れやがったな！」

西原が猛然と攻めてきて鼻血を出すことになる。

そのうち、「西原がタイに行くらしい」というワウサが流れ、どうやらタイ式ボクシングを念頭に稽古していることが、後輩たちはわかった。

「いつタイに行くんだろう」

「さあ」

「行くんなら、さっさと行ってくれないかな」

と、こんなボヤキが後輩たちの間でかわされていた。

落川は大学に入っても不良気が抜けず、稽古が終わると西原にくっついて歩いていた。西原グループも、このころは二十名を超えている。番頭役の山下、柔道の小野、空手の熊崎、付き人役の常盤など多士済々が集まっていた。落川は末席につらなり、肩で風切って歩いた。

秋口、大学の稽古が終わったあと道玄坂の飲み屋で余所者とケンカになった。相手が拳銃を出したので西原がブチのめし、床に落ちた拳銃を落川が咄嗟《とっさ》に拾い上げるのだが、これがあとで事件になる。落川が得意がって拳銃をあちこちでみせびらかしたため、渋谷署に銃刀法不法所持で逮捕されてしまうのだ。

文恵が、西原のかわりに差し入れにきてくれた。髪を短く切っていて大人びて見える。というより、家庭を切り盛りする若奥さんを思わせた。毎週日曜の朝、文恵は掃除洗濯に原宿ハイツにやってくるのだと、〝部屋住み〟の常盤が言っていた。「俺、気を利かして、パチンコしに行くんだ」と苦笑していたが、お堅い家のお嬢さんだけに、西原先輩とはすんなり一緒にはなれまいと、落川は思った。

西原が太田を通して警察に話をつけ、落川は十日ほどの拘留で釈放された。釈放《パイ》になった夜、西原が御祝いだといって一席もうけてくれ、

「おい、ダンパーを開け。お前には迷惑をかけた。ダンパーを開いて、カネにしろ。バンドなら好きなのを呼んでやる」

と言って、『大橋節夫とハニーアイランダース』『与田輝男とシックスレモンズ』『バッキー白片とアロハ・ハワイアンズ』など一流の人気バンドの名前を口にした。

まさかと思うような話だが、芸能界に顔をきかせている西原だけに、ホラとはもちろん思えない。

「お願いします」

と頭を下げ、これらのバンドを呼んでもらって、青山の小原会館でダンスパーティーを開催した。チケット二千枚を刷った。落川は数校の大学応援団に話をつけ、百枚を渡し、「六十枚分をもどしてくれればいい」

と言ってさばいた。要するにマージン四割ということだ。

一流バンドが出演するということで、チケットはたちまち完売。落川はまとまった金を手にするが、西原にお礼を申し出ると「いらない」と笑った。落川は丸善に行って、バーバリーのコートを自分用と二着買い、一着を西原にプレゼントした。当時、高級品であるバーバリーのコートを着ているものはいなかった。落川も西原も、しゃれ者であった。

この年の十一月三十日、両国の国際スタジアム（旧国技館）で、第一回全日本学生空手道選手権大会が開催され、國學院大學空手部も出場したが敗退。優勝は明治大学だった。ストリートファイトを念頭に置く「西原監督」の組手指導では、ルールに則《のっと》った試合で勝つのは難しかっただろう。「試合に負けてもいい。だが勝負に負けたら許さない」というのが西原流の指導だった。國學院大空手部が全国制覇するのは、それから十年の研鑽を積んだ昭和四十二年のこととなる。

太田の尽力で渡タイの目処は立ちそうだった。対戦も、向こうの政府高官を通して実現できそうだ。勝てるかどうか、まったくわからない。「空手は木刀の強さ。対してムエタイは、しなやかなムチの強さ」——中山先生はそう言ったが、いろいろ試してみた結果、木刀をムチにしようとするのは、木刀の強さを殺すことになる。木刀は木刀として勝負するべきだという結論に達していた。

『歌うスター櫻祭り』は年を越して二月二日の日曜日に開催される。「南極観測隊基金募集」という趣旨にして、チケットにも刷り込んだ。チケットは好評で、まもなく完売するだろう。

こうして昭和三十二年は、順風満帆で終えようとしていた。


渡タイが正式に決まった。

政府に働きかけるのに結構、苦労したようだが、タイの伝統文化の視察・研究といった名目にしたようだ。太田が同行してくれるというので、これは心強かった。

試合は二月二十二日、首都バンコクのルンピニー・スタジアム。タイ王国陸軍によって運営され、ラジャダムナン・スタジアムと並んで最高の権威をもつムエタイ試合会場だ。対戦相手は陸軍のタイトル保持者、ポンサック・ヴィッチチャイ。収容人数一万人と聞いて西原は武者震いした。先に安藤に、次いで花形に報告した。

二人とも、

「そうか」

と短く言った。

無関心でも、感情を外に表さないのでもない。期待や励ましは偽善的な感じがして、性分に合わないのだろう。
〈二人は正反対のように見えて、とても似ている〉
と西原は思った。

二　「大凶」のおみくじ、波乱の予感

昭和三十三年の正月は、原宿ハイツの西原の部屋で、西原グループの主だった面々と祝った。文恵が自宅からお節を持参してくれた。青山学院のクラスメートたちが、それぞれ自宅からお節を持ち寄ってパーティーを開くのだと、母親には言ったようだ。そんなわけで、料理の量は、男たち十人前後が食べるにはとても足りなかったが、酒はしこたまある。昼前から賑やかにやった。

「いつ結婚するの？」

山下が文恵をからかうと、生真面目な彼女は、

「そんなことわかりません！」

と本気で怒った。

今春、英文科を卒業する文恵は成績優秀で、助手として同大に勤務することが決まっていた。お嬢さんだから、両親は民間会社に就職などさせたくなかったということもあるのだろう。昼

間とはいえ、このころ家を空けることが多すぎるようだ。両親は不審に思っているのではないか。そのうち一悶着おきるのではないかと、西原はこのとき思った。

『歌うスター櫻祭り』は大成功だった。これだけの規模で、しかも興行を手がけるのは初めてとなれば、前夜はやはり不安だった。準備に一年近くを費やしたが、終わってみれば呆気ないものだった。後援は、内外タイムス一社にした。五社協定に縛られないと知ったマスコミ数社から打診があったが、西原は内外タイムスの顔を立て、他は断った。「そんなショーが実現するわけがない」とマスコミが無視したとき、内外タイムスだけは乗ってくれた。

「西原らしいな」

いきさつを知った安藤が花形に苦笑すると、

「そこが健坊のいいところですよ」

と言った。

花形でも人を誉めることがあるのかと安藤は驚いた。

順風満帆の昨年と違って、今年は波乱の年になるような予感がしていた。

理由はない。

あえて言えば、おみくじのせいかもしれない。先月、文恵と初詣に行った明治神宮で『大凶』を引いた。ゲンを担ぐ人間ではないが、ちょっと嫌な気分になった。西原が舌打ちをして

丸めて捨てると、文恵があわてて拾い上げ、

「『大凶』は縁起がいいのよ」

と言って皺を伸ばしてハンドバッグにしまい込んだ。

本当にそう思ってのことか、西原を気づかって言ったのかわからない。『櫻祭り』の成功は『大凶』を引いたお陰かもしれないと前向きに考えるのだが、胸に得体の知れない不安が巣くっていた。タイ式ボクシングとファイトすることがその原因なのかもしれないと西原は思った。

気になるのは最近の花形だ。イラつくことが多くなっている。先夜《せんや》は銭湯に乗り込み、ひと騒動あった。

西原がいつものように、山下や小野、熊崎たちと『ハッピーバレー』に詰めていると、めずらしく花形が顔を出した。少し酔っている。こういうときは、触らぬ花形になんとやらで、誰もが素知らぬ顔をして花形のそばから離れていく。不良など、遠くに花形の姿を見ただけで難を恐れ、道を引き返すほどだった。

花形はイラ立っていた。ヤクザ者の松下と何かあったらしいが、経緯を説明する花形ではない。どうやら、街ですれ違ったときの態度が気にくわなかったようだ。花形は飲んでいるうちに、怒りがムラムラと込み上げてきたことのようだった。

花形の唯一の舎弟である常弘が、急ぎ足で店に入ってきた。

「松下は大和田の金泉湯にいました」

と小声で伝えた。

松下は背中の〝昇り龍〟の刺青が自慢で、銭湯をよく利用していた。松下に限らず、彫り物を背負ったヤクザはたいてい銭湯好きだった。

「健坊、ついてこい。哲、クルマだ」

と言って、巨体を〝止まり木〟からおろした。

花形は一度、口にしたら絶対に引かない。引かないどころか、止めれば〝火に油〟になってしまう。どうするかは行ってからのことだ。小野と熊崎にあとをまかせ、大和田まで数分の距離を、西原のダッジで向かった。

山下が金泉湯の前にクルマを着けると、

「哲、木刀を出せ」

と命じた。

山下が急いでトランクから赤樫の木刀を出すと、花形が無造作にぶら下げて入口のノレンを潜り、西原が続く。土足のまま脱衣所に上がる。番台の婆さんが目を剥く前をなかに入ると、〝昇り龍〟がタオルを腰に巻いて椅子に座っていた。

「松下」

振り向いて、ギョッとした。

木刀を持った花形が土足で立っている。

「な、なんでぇ、花形じゃねぇか」

笑顔を見せようとするが、顔がひきつる。

「その龍、ちょっと首が長げえんじゃねぇか？」

「首が？」

「ああ、長すぎる。打ち首にしてやらあ」

と言うなり、〝龍の首〟めがけ、背中を袈裟《けさ》懸《が》けに振り下ろした。

悲鳴とも叫びともつかぬ声を発して、松下が床に這った。

「人の名前を気安く呼ぶんじゃねぇ。今度、俺を呼び捨てにしたら龍はズタズタだぜ」

冷たい声で言った。

三　「強いやつは拳銃なんか使わねぇ」

花形は〝厄ネタ〟だった。

末端の人間は避けていればいいが、幹部クラスになると、そうはいかない。若い者の前で呼び捨てにされたのでは沽券《こけん》にかかわる。そうかといって、花形とケンカするのはやっかいだ。

花形は、用心棒などシノギはしているが、金儲けをしようという気がない。石井や花田、森田のように、多くの舎弟を抱えればばシノギしていかなければならない。それをヤクザ社会では器量と言うが、花形は面倒がって舎弟を持たないのだろうと、西原は思っている。

言葉を変えれば、花形には上昇志向がないのだ。こうありたい、こうあるべき――という〝自分の価値観〟で行動する。だから周囲と妥協して人間関係をうまく築いていこうという気はまったくない。ヤキを入れるときは木刀を使うことはあっても、ケンカはステゴロにこだわる。男は素手で命のやり取りをするものだという信念があるからだろう。花形はそんなことを口にすることは一切なかったが、そばにいて西原は確信していた。

「健坊よお、虎が拳銃を弾くかい？　人間は弱ぇから使うんだ。人間だって強いやつは拳銃なんか使わねぇさ」

酔って、そんなことを言ったことがある。

この矜持《きょうじ》と自信からくる振る舞いが、周囲にとっては〝厄ネタ〟になる。だが、笑顔の下に仏頂面して生きていくより、はるかに男らしく、ヤクザとして本物ではないか。西原が花形に惹かれるのは、そこにあった。

だが、〝厄ネタ〟は忌まわしい。花形さえいなければ――という思いは、やがて殺意に変わっていく。

西原が渡タイを一週間後に控えた夜、花形が狙撃された。

石井と花形とは、そりが合わなかった。

パチンコの景品買いを、西原に揶揄してみせたように、シノギに力を入れる石井を花形はこころよく思っていない。一方、石井にしてみれば、経済力も組織の力であり、安藤組が渋谷の街を肩で風切って歩けるのは、自分たちがこうして頑張っているからだという自負がある。

「ガキのケンカじゃあるめぇし、ステゴロだけで渋谷が押さえられるか」

というのが石井の考えだった。

右に行こうとする者と、左に行こうとする者が、安藤組という一本道を歩いて来れば、ぶつかるのは時間の問題だったろう。

「花形を殺るしかねぇな」

と、石井は舎弟の森田と一杯やると冗談めかして言うが、本気であることは、石井も森田もわかっている。踏ん切りがつかないだけのことだった。

そんな折り、石井の若い衆である牧野昭二が、上通り三丁目のバー『ロジータ』で、たまたま居合わせた花形に殴られるという出来事が持ち上がった。花形の虫の居所が悪く、牧野の態度か何かが勘に障ったのだろうが、牧野にしてみれば落ち度はまったくないと思っている。カッとした。石井に対する花形の態度には、前々から腹を立てている。それが一気に弾けた。

店を出ると、大通りを横切って大和田の石井の家に走り、

「花形を殺らせてください」

と、血走った目で訴えたのだった。

〈時期が来た〉

と石井は思った。

ブローニング32口径を牧野に渡した。

牧野は拳銃を抱いて再び大通りを渡ると、『ロジータ』の前で張り込んだ。午前三時半ごろ花形が出てきて、宇田川町に向かって歩き始めた。牧野があとをついていく。花形の身体が、右に左に揺らいでいる。酔っているのだろう。バー『どん底』の前まで来た。ここは安藤組が面倒を見ている店だ。花形が入ろうとする。

「敬さん」

背後から声をかけて、銃把を両手で握って構える。

「小僧、何のまねだ」

花形が睨みつける。

牧野は夢中で引き金を絞った。後じさりしながら二発を発射し、花形が崩れ落ちた。

明け方、西原は電話で起こされた。

「敬さんが撃たれた」

山下の甲高い声が耳に飛び込んできた。

「バーテンがタクシーで区役所横の伊達外科へ運んだそうだ。命は何とか助かったということだ」

「いまから行く」

西原はダッジを飛ばした。

花形は病室にいなかった。

酸素マスクをつけて昏々と眠っている姿を想像しただけに、キツネにつままれたような気分だった。

「患者は？」

「こっちが聞きたいよ」

と、医者が怒っている。

「全治四カ月の重傷だよ。それなのに看護婦の目を盗んで抜け出すなんて、どうかしているんじゃないか。入院費が払えないとでもいうのかね」

「いえ、そういうわけでは……。支払いは私がしていきます」

西原があやまって、ケガの状態を問うと、左手の第二、第三指骨折と左胴骨翼骨折ということだった。銃弾が貫通したのだ。銃声を耳にして飛び出して来た近くのバーテンが、花形と知って、タクシーで伊達外科へ担ぎこんでくれたということのようだった。

急を聞きつけて、花形の唯一の舎弟である常弘、そして花形の実働部隊である西原グループの面々が〝道具〟を用意して続々と集まってきた。あとでわかるのだが、花形は石井の差し金と踏んで渋谷の街を探したが見つからず、飲み屋に入って一杯やり、街の女を呼んで旅館にしけ込んでいたのだった。「不死身の花形」伝説に、新たな一ページが加わることになる。

安藤の行動は素早かった。島田をすぐに伊達外科に飛ばして、西原を押さえた。

「この一件、社長が預かるそうだ」

そう言われては、西原は動くことができない。西原は花形を探して事務所に連れてくるよう言われ、舎弟たちを渋谷の街に放ち、旅館にいる花形を見つけた。

昼過ぎ、西原は花形について事務所に顔を出す。

「何があった」

安藤が問うたが、

「いえ、ちょっと」

花形は何も喋らなかった。

そう言えば、花形は自分を正当化する言葉を口にしたことがない。そのことに、西原はいま改めて気がついた。

「わかった。あとで人をやる。帰って休め」

花形が一礼して立ち上がったとき、ズボンの裾の折り返しから金属片が絨毯の上に転がった。

西原がすぐに拾い上げる。花形を貫通した銃弾だった。

二日後、安藤の兄弟分である新宿の加納貢が間に入り、手打ちをまとめた。石井は百人を超える兵隊を要している。対する西原グループは二十余名と、石井グループに較べると数は少ないが、一騎当千の強者が揃っている。「動くな」と安藤が命じれば西原は従う。だが、抗争も内輪モメも、いつも偶発的に始まっていくのだ。火種は可能な限り早く摘まなければならない。安藤の即断であった。牧野は目撃者がいたため、殺人未遂で懲役五年の判決を受けて下獄することになる。

西原が感心するのは、手打ちになって以後、花形は石井に当たらないようになった。銃撃されて懲りたわけではない。一度、水に流したことは絶対に蒸し返さない。これが花形だった。

「ところで、健坊」

と、花形が『マイアミ』で西原に言った。

「タイだかバンコクだか、いつ行くんだ？」

「四日後です」

「そうか、まだ四日もあるのか」

平然と言った。

四日後の午後、西原が大学の道場に顔を出した。

真冬だというのに白っぽいスーツに焦げ茶色のタイを締めている。ひと目で高級仕立ての新調であることがわかる。靴はネクタイに合わせたのだろう。チョコレート色のコンビで、おしゃれだった。サングラスをかけている。

「今夜、バンコクに向けて羽田を発つ。一週間ほどで帰ってくるが、あとはよろしくな」

と、監督として〝訓示〟をした。

昨日、文恵や西原グループ、それに後輩の落合たちと渋谷で昼メシを食った。「健ちゃん、相手を殺っちまわないようにな。陸軍の軍人さんだから、タイから出してもらえなくなるぜ」と山下がさかんに座を盛り上げようとするが、どんな戦いになるのか見当もつかず、笑顔に不安がよぎっていた。

「じゃ」

西原が道場を出る。

「押忍！」

背後で、ひときわ大きな声がする。戦争で父親を亡くした西原は、親父もこうして出征していったのだろうか、とふと思った。

四　西原死闘、空手対ムエタイ戦

バンコクの二月は乾期で、気温は四十度に達する。湿度も七十パーセントを超え、高温多湿の街だった。当時、国際空港だったドンムアン空港に降り立った西原と太田は、息をすると熱風が肺に入ってくるような気がして、顔をしかめた。

すぐに上着を脱いだが、ワイシャツはすでに汗で背中にベッタリと張りついていた。西原がネクタイを首から抜きながら、

「立ってるだけで倒れますね」

と、妙なシャレを言った。

気持ちに余裕がある証拠だと、太田は安心したが、腹の突き出た太田には、この暑さはこたえるだろう。

迎えに来た現地ジムの関係者が、空港からバンコク市街まで約二十キロほどだとブロークンの英語で説明した。窓を開けて風を入れながら、クルマは未舗装の道を南下する。油が混じったような、馴れぬ匂いが窓から入ってくる。トイレ事情も悪いとも聞いている。昭和三十三年という時代だ。日本もさして衛生的とは言えないだろう。

ホテル――と言っていいのかどうか、二階建ての粗末な建物に投宿した。風呂はない。シャワーもチョロチョロで、それも出たり出なかったり。試合に向けた緊張感より、顔をしかめることのほうが西原は多かった。

荷を解くと、迎えに来ていた現地ジム関係者の練習場へ案内された。ジムとは言いながら、バラック小屋で、庭にサンドバッグが二本吊してあるだけだが、その一本に小学生が蹴りを入

れている。

「すげぇな」

と太田が感嘆した。

蹴り込むたびに、サンドバッグが〝くの字〟に折れ曲がるのだ。ジムが預かって育てている子供なのだろう。中山正敏の言葉を思い返していた。

西原が空手着になり、黒帯を締め直した。気持ちがピーンと張り詰めてくる。素手の西原がサンドバッグに正対して構える。好奇心にかられた人々が周囲に集まってくる。西原の蹴りは重く、サンドバッグで炸裂するようだった。この蹴りが入れば相手はひとたまりもないだろうと、太田は思った。

夜、ホテルの一階角にあるレストランで食事した。レストランと言っても、粗末なテーブルと、木の固い椅子が置いてあるだけだ。

「水に気をつけろ」

と太田が注意した。試合まであと二日、体調管理が勝負を左右する。

「蒸したチキンとサラダにします」

「肉は焼いたほうがいいな。それからサラダはやめろ。野菜は水で洗ってある。水滴を口に入れれば水を飲むのと同じだ。フィリピンに行ったとき、氷を入れた水割りを飲んで腹をやられた。うっかりして、氷が水を固まらしたものであることに気がつかなかった」

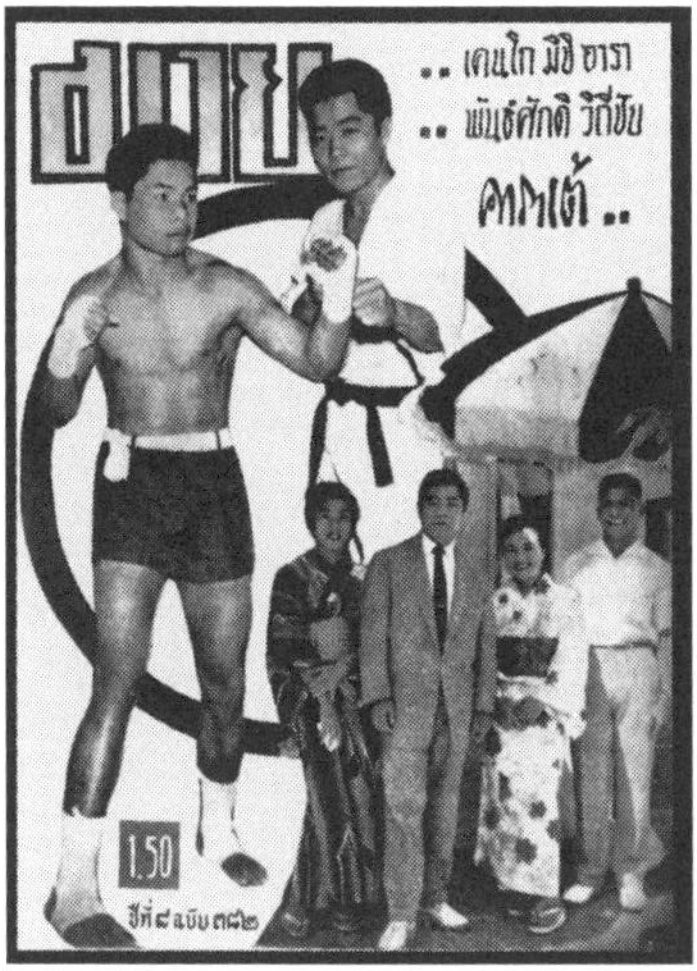

昭和33年2月22日、西原健吾は日本人として初めて、タイのバンコクにてムエタイのチャンピオンに空手で挑んだ。地元でもこのニュースは大きく報道された。

「ミネラルは大丈夫ですか?」

「さあ、中身は保証できない。うがいにしておけ」

翌日は、西原がジムで調整しているあいだに、太田は日本でタイ式ボクシングの興行が可能かどうか、政府関係者に当たることになっている。事前の調査では、軍に話をつけるのが早いということだった。

二日が過ぎて、試合当日を迎えた。ルンピニー・スタジアムは一万人の観衆の熱気が覆っていた。控室の西原は目をつむり、静かに出番を待っていた。ルールは、西原は素手で空手着を着用、対戦相手のポンサックは通常のボクシンググローブをはめたムエタイスタイル。

一ラウンド三分×五ラウンドで、インターバルは二分。判定決着はなし。試合は、レフェリーが「試合続行不能」と判断しない限り、一ラウンド中に何度ダウンしても試合続行可能なフリーノックダウン制で行われた。

香港在住で、ムエタイ歴史研究家として著名なアレックス・ツイ氏は著書『KHUNCHERNG MUAYTHAI BOOK OF FACTS』(２０１４年・平成26年発行『青揚書報社有限公司』)で、当時の試合の様子を写真入り(前ページ)で、次のように紹介している。

《１９５８年(昭和33年)２月22日、バンコクのルンピニー・スタジアムのボクシングリングへ、一人の日本人選手が入場した。西原健吾、１３９ポンド(約63キロ)の25歳。東京の一流大学、國學院大學の和道流空手チャンピオン（のちに空手部門の主任）である。この空手4段の選手は、それだけでなく、8年ものあいだ、命からがらの状況で血のにじむような日本武術のトレーニングを積んできた。実は、彼は日本のヤミの世界で恐れられる安藤組の幹部であり、最強ファイターでもあるのだ。試合前に配られたチラシによると、素人相手なら、素手で無条件に5分以内に殺すことができるのだそうだ。

彼の対戦相手、ポンサック・ヴィッチチャイは、タイ軍の135ポンド（約61キロ）のタイトル保持者であり、RDNウェルター級リストの頂上にランクしている。5ラウンドに及ぶこのフリー・スタイル・マッチは、非得点方式である。

ゴーン！　最初のラウンド。140ポンドのポンサックは、西原と距離を保ちながら、2、3回の激しいローキックを浴びせた。会場にすし詰めになったファンたちの歓声が一斉に響き渡った。敵からの攻撃が増す中、日本のサムライは、トレードマークの蹴りを2回放ったものの、そのうち1回は、ポンサックのタイ・キックを防ぐためでしかなかった。西原は明らかに押されていたが、まだ試合は続いていた。ベルの音が1ラウンドの終わりを告げる。2ラウンドは危機的だった。ポンサックは、リングの中で西原を追い回し、さらなるキックを浴びせて応酬した。膝へのキックは、空手家を9秒間ダウンさせた。そのあと、西原は飛び蹴りでポンサックに応酬したものの、即座にカウンター・ローキックを喰らい、遮られたポンサックは、西原の膝と顎へ鋭い攻撃を繰り出し、首めがけてハイ・キックをし、さらに、とどめの一撃で首筋を肘で打った。そうして戦いは終焉を迎えたのだった。
苦々しい結果には違いなかったが、それでも西原健吾は、ムエ・タイに挑んだ最初の空手王者として、歴史に残るだろう。》
完敗だったが、タイ式ボクシングの華麗な技と強さを身をもって体験した西原は、ホテルのベッドの上で痛みに唸りながら、興行として日本での成功を確信したのだった。

五 安藤組という〝大型台風〟の行方

『歌うスター櫻祭り』にタイ式ボクシングへの挑戦、さらにその直前には花形銃撃事件もあって、二月は、神経と命を磨り減らすような一カ月だった。

「先輩、命の洗濯に温泉にでも行きませんか?」

と誘ったのは落川義人である。

小原会館に引き続き、ダンスパーティーは一月も開催している。西原の顔で錚々《そうそう》たる人気バンドを呼んでもらい、結構な稼ぎになったが、このときも西原はお礼をいっさい受けとらなかった。初回はバーバリーのコートを丸善で買って贈ったが、今回は温泉に招待しようと決めていた。

「どこか、お気に入りの温泉はありますか？」

落川に訊かれて、上京して以後、温泉に浸かったことなど一度もなかったことに思い当たった。

「どこでもいいぞ」

「じゃ、浜名湖の舘山寺《かんざんじ》温泉はどうですか？」

今年の開湯なので、近隣の有名な温泉のように観光地ずれしていないのではないかと思ったからだ。浜名湖に面して眺望もよく、ウナギもうまい。遠出のドライブにちょうどいい距離でもある。

「それに、塩分濃度が高くて関節痛にいいらしいですよ。三、四日、ゆっくりされるのもいいんじゃないですか」

文恵も行きたがったが、箱入り娘が外泊などさせてもらえるはずがない。それに、男と交際しているらしいということで、どうも両親と言い争いがあったようだ。二十歳を過ぎて、文恵は自己主張するようになってきたのだろう。このままつき合いを続けていれば、いずれひと騒動起きるだろうが、そのときはそのときのことだと西原は思っている。どうせ人生、思いどおりにはいかないのだ。

西原、落川、山下、常盤の四人が、西原のクルマで浜松に出かけた。温泉宿に泊まり、湯船に手を伸ばす。肘でとどめを刺された首筋は、いまも痛みが尾を引いているが、ここの温泉に浸かると、なるほど痛みがやわらぐような気がした。

タイ式ボクシングの興行については太田がとりあえず動くことになっている。タイから武官を招いて、空手がどんなものであるか見せると言っている。ついては國學院大空手部に連れて行くとも言っている。見学の名目で、接待するのだろう。太田先輩のことだから抜かりはあるまい。目処が立ったところで、安藤社長に相談しようと思った。タイ式ボクシングの興行がうまくいけば、これをバネにタイでビジネスを展開する。西原は痛む首筋を撫でた。その弾みで湯が波打って広がっていく。自分の夢が広がって行くような気がした。

温泉と酒、そして麻雀を久しぶりに堪能する。西原の麻雀は〝度胸麻雀〟だ。ガンガン勝負を仕掛けていく。技術から言えば下手と言っていいが、最後は競り勝つ。麻雀は打ち方に性格が出るというが、その通りかもしれない。その点、落川は上手いが、ハッタリに負けてしまう。安藤組の一員としてやっていきたいと懇願しているが、ヤクザとして通用するだろうか。このとき西原は思った。


帰京して、一週間ほどが経った夜のことだった。西原は花形に付き添って、宮益坂を横に入ったナイトクラブ『コパ』に出かけた。店を入っていくと、テーブルに坐っていた二十歳前後の若者が、花形に向けてスーッと足を伸ばした。

花形が立ち止まった。

「小僧、なんのマネだ」

「舎弟にしてください！」

若者は立ちあがるや懇願した。

不良など歯牙にもかけない花形だったが、自分に足を伸ばした度胸にみどころを感じたのだろう。

「俺は舎弟はもたない。西原のところへ行け」

それだけ言って、奥のテーブルに向かった。

若者は、花形の舎弟になりたくて、街で恐喝して金をつくり、花形の行きつけと聞いていた『コパ』に毎晩通っていた。四日目の夜、花形が現れた。声をかけようとしたが、緊張でノドが引き攣った。咄嗟に足を伸ばしたのだった。

若者は、改めて西原を見た。空手が強く、渋谷の不良で西原を知らない者はない。童顔で、花形のような迫力はない。だが、誠実そうな眼は、同じヤクザでも毛色がちがうような感じがした。花形と同じく白いスーツを着て、カッコもいい。

〈この人なら〉

若者は直感で思った。

「堀江と申します。よろしく願いします」

と言って頭を下げ、西原グループの一員になる。のち、グループの急先鋒となる。西原グループは三十名を超え、安藤組にあって、その一角を占めるまでになっていた。

このころヤクザ社会に逆風が吹きはじめていた。

総理大臣の岸信介は、「汚職・貧乏・暴力」という三悪追放を掲げ、「三悪追放」という言葉は流行語にまでなっている。内閣の意を受けた警察当局は、ヤクザ組織壊滅を標榜して取り締まり強化に乗り出していた。

新聞は、警察の断固たる立場に期待すると記事に書く。

「身勝手なものですね」

と、島田が新聞記事に目を落として、

「終戦後の治安活動に、利用するだけ利用しておいて、用済みになったらコロリ。ヤクザより始末が悪い」

「そんなもんだろう」

安藤が平然と言う。

「必要なときはモミ手、不要になったら捨てる。世の習いだな」

「いつまでも必要にされろ、ということですね」

さすが参謀だけあって、島田は安藤の言わんとすることを察した。

安藤がうなずいて続ける。

「いまは企業もヤクザを必要としている。だが、これは企業側にしてみれば不本意なことで、〝必要悪〟に過ぎない。〝必要悪〟は大事にされるが、〝不必要悪〟になれば国家権力と結託して斬り捨てにかかる」

安藤は時代を冷静に見ていた。

新進実業家の横井英樹が、東急コンツェルン総帥・五島慶太と組んで、東洋精糖の乗っ取りを仕掛けているという話が、安藤の耳に入ってきた。東洋精糖には関心はなかったが、横井の相次ぐ非道なやり口に眉をひそめた。昨年の白木屋事件では、安藤は万年東一の関係で横井側についているが、筋だけ通して早々に手を引いている。

そんなある日、下町の本所で武井組を構える武井敬三から電話があり、東洋精糖の件で親分衆の寄り合いがあり、そこに顔を出して欲しいとのことだった。武井は後年、佐藤栄作総理の用心棒を務めるなど、政財界に隠然たる勢力を持っていた。万年との関係から、安藤は「武井の叔父さん」と呼び、武井は「安ちゃん」と呼んでいた。武井のお声がかりとあって、くわしく理由も訊かず、安藤は中央区浜町河岸の料亭『辻むら』に出かけた。

大広間に、都内の親分衆が二十数名、ずらりと顔をそろえていた。座を仕切る武井が、このたびの東洋精糖の乗っ取りについて説明する。

「資本主義社会では、株の買い占めは合法的な経済行為だ。だが、東洋精糖は、秋山利太郎と、その次男の利郎親子が、秋山商店という砂糖問屋をもとに粒々辛苦の末に築き上げた会社である。それを乗っ取るなど、道義にもとるではないか。したがって、我々の力をもって、横井と五島による乗っ取りを阻止する」

と言ったような話を滔々とぶってから、

「この仕事、安ちゃんに引き受けてもらいたい」

いきなり安藤に顔を向けて言った。

「もちろんかまわないけど、叔父さん、なんで俺なんだ？」

と安藤が問うと、

「白木屋の一件で、安ちゃんと横井とは面識がある。それに安ちゃんは若いし、兵隊もたくさんかかえている」

「で、何をやれば？」

「もうすぐ東洋精糖の株主総会があるから、安ちゃんところの若い衆を百人ばかり集めて乗り込んでほしい。ただし、暴力はいかん。傷害事件になったら向こうの思うつぼだ。総会をぶち壊してくれればそれでいい」

流会させることで、とりあえず横井の乗っ取りを阻止するという作戦だった。

『辻むら』の前に停めたポンティアック・キャタリーナで、運転役の山下と西原が待機していた。安藤が乗り込むと、東洋精糖の一件について、かいつまんで西原に説明した。

「総会までじっとしておくんですか？」

西原が問いかけた。聡明なこの男は、東洋精糖事件は、安藤組を表経済に向けて売り出すチャンスだと見抜いていた。〝必要悪〟の存在誇示である。安藤も西原の意を察知している。

「なにをやる？」

「ビラを撒くのはどうですか。空からセスナで東京中にアジビラを撒くんです」

「おもしろいじゃないか」

安藤が笑った。

武井親分の了解を取って、アジビラの作成に取りかかった。文章は西原が叩き台をつくり、安藤と詰めた。

《日本経済を攪乱《かくらん》し、社会を毒する魔王・五島慶太、その手先となって実業界を破壊する横井英樹の行為は、必ずや天誅《てんちゅう》を受くべし。彼らは最近、東洋精糖の株買い占めによる会社乗っ取りを策し……》

セスナは調布飛行場を飛び立ち、山の手地区から新宿、後楽園、日本橋、下町と飛んで東京中にばらまいた。

五島慶太は、強引な乗っ取りから「強盗慶太」と呼ばれていた。横井英樹は白木屋事件を契機に、五島の手先となって株の買い占めを繰り返している。双方にヤクザや右翼、総会屋がついて、東洋精糖乗っ取り事件は社会の注目の的になっていた。安藤のビラは大きな評判を呼んだ。

花形は〝蚊帳の外〟にいた。ステゴロの出番はない。時代の一歩後ろ――いや、あえて逆方向に歩いているように、西原には思えた。

「健坊、ビラを撒《ま》かせたんだってな」

クラブ『コパ』で花形が言った。

「ハデにやらせました」

「そうかい。ビラってな、サンドイッチマンが撒くもんだとばかり思っていたぜ」

「うちの名前を売り出すのにいいかと思ったんですが……」

「名前はケンカで売るのがヤクザだ。俺はそう言われて育った。ピーチクパーチクやって人気取りをするのは、芸能人かホステスだ」

「すいません。以後、気をつけます」

「本当にそう思っているのか？　違いますと、その顔に書いてあるぜ。健坊、おまえは正直すぎるぜ」

と言って笑った。

目まぐるしく、そしてあわただしく時が過ぎていく。安藤組は渋谷を拠点に組織は急速に拡大している。安藤組という〝大型台風〟は、これからどこへ向かうのか。まさか得意の絶頂で足元をすくわれようとは、安藤も、花形も、そして西原も思いもしなかっただろう。

第四章

疾風《はやて》

一　人を泣かせて甘い汁は許せない

昭和三十三年六月十一日昼前――。

梅雨入りを控え、東京の空は低い雲がたれこめていた。

安藤は島田と西原を相手に雑談していた。この年の二月、鳴り物入りで立教大学から読売ジャイアンツに入団した長嶋茂雄は、開幕戦で、国鉄スワローズの左腕エース、金田正一に四打席四三振を喫した。

「たいしたことないですね」

と苦笑する西原に、

「いや」

と、安藤が言う。

「思い切りがよくていい。ヒーローというのは、善くも悪くも後世に残るエピソードで彩られるものだ」

「社長は？」

「俺はヤクザだ。エピソードは多いかもしれないが、エピソードが多いからと言ってヒーローになれるもんでもないさ」

そんな話をしているところへ三栄物産社長の元山富雄がやって来た。元山の険しい顔を見て、西原が席を立つ。こみいった話があるのだろう。西原は遠慮した。

「さっそくだけど、安ちゃん、これを見てくださいよ」

元山が茶封筒から書類の束を取り出してテーブルに広げ、

「最高裁判所の支払い命令判決の謄本なんですが」

と説明するのを安藤が遮って、

「経緯《いきさつ》についちゃ、あとで島田に話をしてやってください。私は何をどうすればいいんですか？」

安藤はいつも単刀直入だった。

依頼は借金の取り立てだった。貸し主は元華族の未亡人。貸した相手は東洋郵船社長の横井英樹。金額は当時の金で三千万円。これを横井が返さないと言うので、未亡人は取り立ての委任状をつけて元山に依頼し、元山が安藤に持ち込んだ——ということだった。

まさか、ここで横井の名前が出て来るとは、安藤は思いもしなかった。

島田が疑問を口にする。

「判決をもらってるのなら、横井の財産を押さえればいいじゃないですか」

「押さえましたよ。ところが横井の財産はいくらだと思います？　横井名義の郵便貯金が三万数千円。あちこちに別荘も持っているし、自宅も都内に数件あるんですが、すべて会社名義になっている。新車のキャデラックを何台も乗りまわして豪勢なものです。そのくせ借金は返さない。未亡人は困窮のどん底にあるんですよ！」

憤懣を口にした元山は、島田と西原にクルマまで見送られて帰っていった。

安藤は社長机に背を預けると、ガラス張りの窓に向いた。元山はさかんに憤るが、安藤は冷静だった。ヤクザが正義を振りまわすのは滑稽で、身のほど知らずだと心得ている。盗人にさえ三分の理があると世間で言うように、百人いれば百の正義がある――これが安藤の考え方だった。

だが、人を泣かして甘い汁を吸うのは許せない。横井は東洋精糖の株買い占めに、億単位の金を投じているとも聞いている。白木屋、東洋精糖、そして今回の未亡人……。安藤は、横井と妙な因縁を感じていた。東洋精糖の株主総会は目前に迫っている。このままいけば、資金力から横井・五島側による株買い占めは成功し、乗っ取りは成功すると見られている。横井を攻めておくべきだ。

もどってきた島田に言った。

「元山に電話だ。明日、俺が直接、横井のところに出向く。横井の時間を押さえるよう伝えろ」

「明日は熱海ですよ」

と島田が言った。

熱海で大きな賭場が開かれ、安藤が顔を出すことになっている。七時に東京駅で、趙春樹と待ち合わせ、一緒に行く約束をしていた。趙春樹は箱屋一家総長で、後年、稲川会理事長となる人物だ。仲がよく、安藤は趙総長のことを「ショーパン」と呼んでいた。「パン」は中国語で「胖」と書き、太っているという意味だ。趙総長の体躯から、そう呼ばれた。

「わかっている。ちょいと横井と話をするだけだ」

「誰か付けますか?」

「いや、元山と二人で行く。相手は曲がりなりにも実業家だ。人数そろえて乗り込むわけにもいくまい」

西原は、そんな話になっていることは知らなかったが、島田が社長室で話しこんでいることから、元山から何か案件が持ち込まれたことはわかっていた。自分の出番があれば、お声がかかるだろう。だが、島田は社長室から出てきても何も言わなかった。西原は空手部の指導に國學院に向かった。

二　最高幹部、非常招集

翌日の夕刻、島田から安藤組最高幹部に非常招集がかかった。志賀、花形、石井、花田、三崎たちが呼ばれ、あわただしく社長室に消えた。事務所にいた西原は、ただならぬ気配に緊張した。

島田が声を落とし、華族からの取り立て依頼の経緯を説明して、横井と安藤、元山の面談の様子を話した。島田が元山から聞いた話では、今日の午後四時、安藤と元山が銀座八丁目の第二千成ビル八階にある東洋郵船に出かけ、返済の話を切り出すと、横井はせせら笑って、

「ことは合法的に処理されている。キミたちの介入する余地は全然ない。日本の法律ってやつは、借りたほうに便利にできているんだ。なんならキミたちにも、金を借りて返さない方法を教えてやってもいいんだよ」

と言ったという。

「合法だか何だかしらねぇが、借りたら返す。当たり前だろう。おまえさんのために首を吊った人間が何人いると思うんだ」

「首を吊ろうが手をくくろうが、オレの知ったこっちゃない」

「なんだと」

安藤がテーブルの上の大きな灰皿に手を掛けたが、元山がその手を押さえたという。

そこへ女子社員がコーヒーを運んで来ると、横井は言った。

「まあまあ、そう興奮しないでコーヒーでも飲んでください。私のところじゃ、借金取りにまでコーヒーを出すんだからね」

安藤がついにキレた。

「なにィ！　てめんところの腐れコーヒーなんか飲めるか！」

コーヒーカップを床に叩きつけて、部屋をあとにした。

「これが経緯《あらまし》だ」

「殺りますか？」

島田が言い終わると、
志賀が安藤を向いて言った。

「いや、殺してしまっては、取るものも取れなくなるから債権者が迷惑する。右手に一発ぶち込めばいい」

「右手？」

「左手だと、弾がそれて心臓をぶち抜くおそれがある。拳銃は32口径を使え。45口径じゃ腕がすっ飛んじまう」

と安藤が言った。

「うちの千葉にやらせましょう」

「ちょっと待ってくれよ」

と、花田が志賀に異を唱えた。

「今日の今日ってのはまずいだろう。すぐ社長の差し金だとわかっちまう。社長もパクられちまうぜ」

「私もそう思う」

と島田が同調するが、

「社長が恥をかかされてきたんだ！　どうせやるんだから同じだろッ！」

志賀の気色ばんだ声が、隣室の西原の耳に聞こえた。

「ヤバそうだな」

と山下が声を落として言った。西原は耳を澄ましたが、ボソボソと低い声にもどっていて、よく聞こえなかった。

志賀は安藤組の生え抜きではなく、別の組織からきた〝外様〟だった。存在感を示すために、勢い過激になるのだろう。譲らなかった。

島田と花田が、花形をみやる。花形は一言もしゃべっていない。視線を受けて、花形が言った。

「社長が決めることだ」

「これからやる」

安藤がキッパリと言った。

収監されて後、西原はこのときの安藤の心境が気になった。実行すれば逮捕されることはわかっていたはずだ。自分を欠けば、安藤組がどうなるか、キレ者で思慮深い安藤にわからないはずがない。

「どうしてでしょうね」

花形に問うと、

「安藤という男は、自分を安全地帯に置いておいて、若い者にだけ責任を背負《しょ》わせるような男じゃない」

と言った。

組織論だ何だと理屈を超えたところで、所詮、トップが我が身可愛さで言っているだけのことだ。兄弟分の高橋輝男が銃撃戦で射殺されたとき、安藤は冷然と「終わったことだ」と言って、遺体のもとに駆けつけなかった。

「坊や、男は命乞いして生きていくもんじゃねぇんだ」

と言った花形も、そして安藤も、生死を超越したところで生きているような気がした。いや、そんな人間はいまい。生への執着を、強靱な意志の力で断ち切っているのだろうと思った。

幹部会が終わり、志賀が事務所を飛び出して行った。

最後に花形が出てきて、

「健坊、お茶飲みにいくぞ」

と誘って、宇田川町の『マイアミ』に入った。

「これから哲と一緒に、長野まで用足しに行ってくれねぇか」

突然のことで驚いていると、

「住所を教えるから、俺の友達に会って、よろしくと伝えてくれよ」

「それだけですか？」

「それだけじゃ、不足か？」

「いえ、それでしたら電話ででも……」

「俺が頼んでるんだぜ」

縁なし眼鏡の奥の細い目が射貫くように見ている。

「わかりました」

「いますぐ発つんだぜ」

「敬さん、まさか」

これから事件が起こるので、準幹部の自分を無関係にしようとしてくれているのではないか？　緊迫した幹部たちの動きから察した。

「敬さん、何かあるんですか？」

「何にもねぇよ」

花形は突き放すように言った。

夜中、長野に入り、カーラジオのニュースをつけて、西原はギョッとした。

「……横井英樹氏が何者かに銃撃されました。弾は左腕から入り、心臓をわずかにそれて、左肺、右肝臓と貫き、右脇腹にまで達しているとのことで、大量出血をし、危篤状態が続いています。夕刻、暴力団が訪れ、横井社長と口論になったという証言もあり、警察は慎重に捜査を進め……」

横井英樹――。東洋精糖の一件で、いまうちが攻めている相手ではないか。

「健ちゃん、まさか」

「やったな」

「引き返すか？」

「いや、このまま行くんだ」

全体像は見えないが、目をつむって花形にしたがう。それでいいのだと自分に言い聞かせた。

知人は地元のヤクザ親分で、「花形の伝言です。よろしくとのことです」と伝えると、キョトンとしたが、あまりに唐突な伝言にピンときたのだろう。理由はわからないが、横井英樹襲撃事件に関わる何かがあると察したようだ。

「わかりましたと伝えてください。温泉に宿を用意させますので、今夜はゆっくりしていってくださいʼ」

と応じたが、

「ありがとうございます。急ぎますので」

西原と山下はダッジを急発進させた。

カーラジオをつける。

「……東洋郵船社長・横井英樹氏が十一日夕刻、銀座の同社社長室で暴漢に襲われた事件を捜査している築地警察本部では、これまでの調べから、渋谷の安藤組組長・安藤昇の子分か、その流れをくむ者の配下の犯行と断定。同組事務所を家宅捜査する一方、昨年春の恐喝容疑で安藤組長の逮捕状をとるとともに行方を追っています」

深夜ニュースは抑揚のない声で伝えていた。

「社長は熱海だろ？」

「そのはずだ。哲ちゃん、急げ」

山下がアクセルを床まで踏み込み、ダッジは峠道を唸りを上げて疾走して行った。

三　安藤昇の矜持

事件から二十三日目の七月四日、毎日新聞夕刊は、「首相の要望に答え、下山事件以来の大組織を敷いた」と報じた。とかくの噂がある人物とはいえ、ヤクザが会社に乗り込んで社長を銃撃したのだ。法治国家にあるまじき蛮行として、メディアは連日報じ、警視庁は威信をかけて捜査一、二、三課合同による大捜査網を敷いた。

同紙によれば、警視庁は捜査要領として、次の三点を捜査陣に伝達した。
一、捜査・保安・公安各課の刑事と外勤の警官も動員、情報収集、張り込みを行う。
二、料理屋、喫茶店、貸間、アパート、不動産斡旋業、バー、キャバレーなど、犯人の立ち回りを予想されるところに手配書を配る。
三、犯人が匿われる可能性の博徒、愚連隊、テキヤの査察内定を強化する。
安藤はじめ実行犯の千葉と、指揮をとった志賀、そして謀議に加わった島田、花田、花形は一斉に体をかわした。西原も山下も警視庁に引っぱられたが、アリバイがあるうえ、謀議に加わった証拠も証言もなかったため、とりあえず拘束はまぬがれた。このままでは安藤組は機能マヒに陥る。

西原はあせりながら、

〈敬さんは、このことを見越して自分を助けたのではないか?〉

という思いがよぎった。

電話が鳴った。

「そちら『長寿庵』さん？　今日、やってる？」

島田の声だった。

刑事が室内にいるか――と聞いているのだ。

「デカは外で張り込んでいます。社長は？」

「大丈夫だ。社長は自首する気だったが、マスコミがあることないこと書き立てるので頭に来ている。いま五島慶太を脅している。うまくいけば社長は助かる。お前が中心になって組を結束させておけ」

それだけ言うと切れた。

五島慶太のことについては意味がよくわからなかったが、安藤のことだ。何か手を打っているのだろう。

西原はグループの面々に言った。

「ウチの人間たちに、こう言って歩いてくれ。〝社長も花形も、他の幹部も、すぐに出てくる〟って」

一斉に渋谷の街に散ったが、出かける前に山下が言った。

「連絡網でもあれば楽なのにな」

構成員五百人でありながら、グループによる連合体であって、統一された組織体ではないことを、西原はこのとき改めて思い知らされたのだった。不安が脳裏をかすめる。

東洋精糖の乗っ取りに新しい動きがあった。東洋精糖と五島慶太の間で和解契約が結ばれたのだ。逃亡中の安藤が裏で動いたことは確かだが、島田が一度、電話をかけてきたきりで、その後、西原には一切の連絡がない。

〈組のために、自分を生かしておくつもりなのか？〉

そうとしか考えられなかった。

あとでわかるのだが、島田が言ったように、安藤は次の三箇条をつきつけて五島慶太を脅していた。

一、精糖会社の乗っ取りから手を引け。

二、横井英樹の尻拭いをせよ。

三、三日以内に一億円を用意しろ。

五島が警察に言わなかったのは、安藤組の総力を挙げて五島一族の命を狙う――と通告していたからだ。

五島は右翼を通じ、三千万円で手打ちを申し出たが、安藤は蹴った。横井が死んだのならともかく、傷害事件だ。一億円を政界・官界のしかるべき人間に渡せば何とかなると踏んでのことだった。まだ一万円札が発行されていない時代の一億円だ。時代背景を考えれば、無罪とは言わないまでも、全員の刑は軽くなっただろう。当初はすんなり自首するつもりでいた安藤も、逃亡という当局との〝抗争〟で居直っていたのだった。

七月十五日。「安藤組長逮捕」の臨時ニュースが一斉に流れた。葉山にある知人の別荘で島田とともに逮捕され、葉山署から神奈川県警に護送されたあと、警視庁に移送されるという。

西原は警視庁前に駆けつけた。

午後五時十五分、野次馬と報道陣が群がるなかを、安藤を乗せた護送車が警視庁に入っていく。テレビニュース用のライトが照射され、カメラのフラッシュが間断なく光る。三十四日間の逃亡であったと、ニュースは伝えた。

一週間後の七月二十二日、実行犯の千葉一弘と志賀日出也が山梨県大月の潜伏先で逮捕される。翌二十三日、謀議に加わったとして行方を追われていた小田原郁夫も自首。花田瑛一も北海道の旭川で逮捕され、麹町《こうじまち》署に留置された。花形は都内で逮捕された。

一連の逮捕から十日ほどが経って、文恵が電話をかけてきた。文恵には、懇意にしている喫茶店のウェイトレスに頼んで、「西原に近づくな」と電話で伝言してあった。文恵は会いたがったが、西原はダメだときつい声で言った。残された西原はそれどころではなかった。

四　島田、花形、花田で組を守る

公判には毎回、西原は傍聴に通った。

弁護士団は、林逸郎はじめ八人の先鋭によって構成された。林は明治生まれの気骨ある人物で、血盟団事件、五・一五事件などを担当。東京裁判では、陸軍大佐でA級戦犯として起訴された国会議員・橋本欣五郎の主任弁護人をつとめている。のち日本弁護士連合会会長となる。なぜ、これだけの弁護団が構成されたか、安藤に接見できない西原にはわからなかったが、元大物検事が法人組織とした「東興業」の顧問弁護士になっていたので、その関係だろうと推測した。

安藤にとって幸いだったのは、裁判長が「砂川事件判決」で有名になる伊達秋雄だったことだろう。砂川事件とは、米軍の立川基地拡張をめぐる反対闘争で逮捕、起訴された事件で、伊達裁判長は、日米安保条約は違憲として全員に無罪判決を言い渡した。当時の時代背景を考えれば、日米安保を違憲と断じるには相当の覚悟がいったはずだ。ヤクザが起こした事件だからといって、通りいっぺんの裁判にはなるまい。

これに加えて、安藤の知人で、行動右翼として著名な佐郷屋嘉昭が横井に掛け合い、減刑嘆願書を書かせている。佐郷屋は昭和五年十一月十四日、午前八時五十八分、東京駅で浜口雄幸首相を至近距離から銃撃。浜口は翌年、このときの傷がもとで亡くなる。佐郷屋の依頼となれば、横井も嫌とは言えなかったにちがいないと、西原は思った。

被告席の安藤は落ち着いていた。余裕すら感じた。検事は安藤に何とか殺意を認めさせ、傷害事件を殺人未遂事件にしようと、やっきになっていることが傍聴している西原にもわかる。

検事が安藤に迫る。

「被告は殺意はないと申しておりますが、ならば何故《なにゆえ》に拳銃を発射したか？　懲らしめのためというが、ならば木刀でも丸太ん棒でもよいと思うが？」

「冗談じゃないよ、検事さん」

安藤が切り返す。

「いい兄哥《あにぃ》がだよ、銀座のド真ん中を丸太ん棒かついで歩けると思うのかい？」

傍聴席が哄笑し、西原もこれには思わず笑ってしまった。

これが検事の心証を害したのだろう。検事は殺人未遂、賭博、銃器刀剣不法所持など合併罪で十二年を求刑した。

判決は、以下のとおりだった。

安藤昇　　懲役八年
志賀日出谷　懲役七年
千葉一弘　　懲役六年
島田宏次　　懲役二年
花形敬　　懲役一年六カ月
花田瑛一　　懲役一年六カ月
小田原郁夫　懲役一年

判決のとき、西原は安藤と目が合った。安藤がニヤリとした。予想していたより判決が安かったからだろうが、これに検事はカチンときたのかもしれない。すぐさま検事控訴し、安藤たちは控訴して対抗するが、双方とも棄却。原審どおりの判決で、安藤は前橋刑務所に収監される。

横井英樹襲撃事件を契機に、組織暴力封じ込めを目的とした捜査四課が警視庁に新設される。いわゆるマル暴である。


西原にとって心強いのは、組の中枢である島田、花形、花田が殺人幇助ということで刑期が短く、未決勾留を差し引けば、ほどなく出所してくる。そうなれば安藤組は安泰だ。安藤も〝三ピン〟なら六年で仮釈がもらえる。〝三ピン〟とは刑務所用語で、刑期の三割カットという意味だが、〝二ピン〟なら六年六カ月で仮釈となる。それでも長いが、西原が三十歳を過ぎたころには安藤の元気な顔を見ることができるだろう。

日本は、昭和三十九年開催のオリンピック夏季大会の開催地として名乗りを上げ、招致活動を展開していた。その結論は来年だとマスコミは伝えている。オリンピックが開催されれば、敗戦から見事に立ち直ったことを世界に向けて宣言することになる。安藤は特攻隊から生還し、渋谷で不良を張ってから安藤組を起こした。その半生は、日本の戦後の足跡でもあった。

〈オリンピックを安藤と楽しめたらいいな〉

判決を聞いた夜、ふとそんな思いが西原の脳裏をよぎるのだった。

五　安藤組は狩り獲られてしまう

翌昭和三十四年四月十日、皇太子と美智子妃を乗せた四頭立ての馬車は、皇居から渋谷の東宮仮御所までの八キロ余りを走った。〝ご成婚パレード〟をひと目見ようと、沿道には五十三万人の群衆が詰めかけた。

西原と文恵は、赤坂の沿道に立っていた。安藤が前橋刑務所で不自由な生活に耐えているときにご成婚どころではなかったが、文恵にせがまれて渋々つき合った。

「素敵……」

通り過ぎる束の間であったが、文恵は目を輝かせ、馬車のあとを目で追った。文恵の気持ちは西原にもわかっている。青山学院に助手として務めはじめて丸一年がたった。文恵は今年で二十三歳になる。

「両親が結婚しろってうるさいの。家、出ちゃおうかな」

と笑いながら言ったが、目は笑っていなかった。

文恵と一緒になるか別れるか、そろそろハッキリさせる時期だろう。だが、西原はなかなか踏ん切りがつかないでいた。

国家的イベントを前にした警察の取り締まり強化で、渋谷のヤクザたちは自重していたが、ご成婚が終わると抗争が一気に表面化する。安藤組と武田組内夜桜会が「渋谷パレス」で衝突し、双方八人が凶器準備集合罪で渋谷署に逮捕された。

安藤組だけではなく、夜桜会は町井一家竜虎会ともめ、乱闘になった。竜虎会の組員が刺され、上部団体を巻き込んだ抗争に発展しかけたが、渋谷署が両事務所にガサ入れするなどして未然に防いだ。事態を重く見た警視庁は、第三機動隊一個中隊三十五人を派遣し、警戒のパトロールをはじめた。

「健坊、町井のところが出てきたってのは、どういうことだ」

花形が険しい顔で言った。

「渋谷を狙っているんでしょう」

西原が率直に答える。

「安藤がいなくなりゃ、このざまかよ」

舌打ちをした。

町井久之が率いる町井一家は、銀座を縄張りにしている。その下部組織が渋谷で乱闘したということに、花形も西原も引っかかった。武田組も大手を振って盛り場を歩くようになっている。安藤が収監されて一年も経たないうちに、渋谷のヤクザ社会は地殻変動を起こしつつあった。ドアの隙間に素早く片足を突っ込み、強引にこじ開けていくように、ヤクザは一瞬の隙をついて侵攻していく。弱肉強食の世界は、どんな手を用いようと、食った者が勝ちなのだ。

ヤクザの侵攻は、寄せては返す波が砂浜を少しずつ削りとっていくように、小競り合いを繰り返すことで相手組織に裂け目を入れていく。いきなり全面戦争になれば、傘下組員たちは一気に結束するが、小競り合いには危機意識が低く、他派閥のことは我れ関せずの態度を取る。安藤組は渋谷最大の組織であっても、一枚岩になれなければ、乱立する弱小組織とかわらないことに派閥を率いる人間は気づいていない。どんな立派な扇子《せんす》であっても〝扇の要〟がなければバラバラになってしまのだ。

ある夜、円山町のクラブ『ルージュ』に、武田組の夜桜会が乗り込んで、

「これからウチで面倒見てやる」

と〝用心棒料《ミカジメ》〟を要求した。

「申しわけないですが、ウチは安藤さんところにお世話になっていますので」

とマスターが断ったところ、

「じゃかんし！　安藤でも誰でも呼んでこい！」

と声を荒げ、テーブルをひっくり返してしまった。

店の急報を受け、森田雅の舎弟たちが駆けつけたが、マスターは安藤組の弱体化を肌で感じた。用心棒料とは、組の〝看板代〟なのだ。「安藤組」の名前を出して、相手が恐れ入らなければ意味がない。

「呼んでこい！」

と他組織の組員がケツをまくること自体、安藤組のブランド力が低下しつつあることを物語っていた。ヤクザの力関係を敏感に感じるのが、ミカジメを納めている飲食店で、当のヤクザだけが気がつかないでいるのだ。

六月の深夜、花形敬と西原、それに山下、落川の四人が栄通りのクラブ『早苗』に立ち寄った。ドアを押して入ると、

「ちょっとお待ちください」

と言ってボーイがあわてて奥へ引っ込み、代わってマネージャーが急ぎ足であらわれて、慇《いん》懃《ぎん》に言った。

「大変申し訳ありませんが、ただいま満席でございます」

驚いたのは西原だ。いくらでも席は空いているのに、花形が入店を断られるなど信じられないことだった。山下も落川も緊張した。花形が暴れれば手がつけられなくなる。

花形が怒る前に、西原が言った。

「空いてるじゃねぇか。てめぇ、どういうつもりだ」

「あれは予約席でございます」

「客が来たらどいてやるよ。さっ、敬さん」

と、うながしたが、花形の目が据わっていた。

〈ヤバイ！〉

と西原が思ったときは、すでに遅かった。

椅子を抱え、テーブルの上に放り投げたのである。ホステスたちが悲鳴をあげ、グラスやボトルが割れて散乱する。ボーイが電話に走った。

「敬さん、ズラかろう」

腕を引いて店を出た。

梅雨入り間近とあってか、小雨が降り始めていた。近場のバーへ飛び込み、一杯やっているところへ、七、八人の警官が踏み込んできた。通報で相手が花形と聞いて、人数を出したのだろう。

「花形、器物破損で逮捕する！」

「でっけぇ声出すんじゃねぇよ。どこへでも行ってやるぜ」

花形だけでなく、西原も、山下も落川も渋谷署に連行された。

西原はパトカーのなかで、店が警察を呼んだことに引っかかっていた。入店を断ることもそうだし、花形が暴れても後難を恐れ、一一〇番するなど、これまで考えられないことだった。

渋谷署の対応もちがった。

「弁償してやるよ」

という一言でこれまで帰れていたが、留置場に入れようとしたのだ。

「なんのマネだ！」

警官の手を振り払ったところが、

「公務執行妨害だ、花形！」

再逮捕されてしまった。

「ちょっと待ってくれよ」

西原たちが抗議すると、

「公務執行妨害！」

三人とも再逮捕された。

警察にしてみれば、安藤不在は、安藤組を封じこめる千載一遇のチャンスとみたのだろう。取り締まりが強化され、安藤組の組員は一度に十人単位で片っ端から引っぱられた。

潮目はあきらかに変わっていた。

このままでは安藤組は狩り獲られてしまう。安藤の留守をあずかる花形はあせった。主だった幹部を事務所に呼んで会合をもった。

「お互い、もっと協力したほうがいいんじゃねぇか」

花形が口火を切ると、森田が異を唱えた。

「勝手にケンカしておいて、ヤバくなったら協力してくれじゃ、ちょっと虫がよすぎるんじゃないか」

「そうだな」

と石井が同調し、花田も、

「自分のところは自分で責任を持つ。これでいいんじゃねぇか」

と言った。

三人は余計なトラブルに首を突っ込みたくないのだ。

西原が口を挟んだ。

「だけど、組織は結束してこそ力を持つんじゃないですか。お互い、我れ関せずじゃ、安藤組の看板はいらないじゃないですか」

「なんだと、西原！　てめぇ、きいたふうな口をきくんじゃねぇ！」

石井が怒った。

「安藤の看板は、俺たちが命懸けで守ってきたんだ！」

森田も怒る。

「じゃ、お互い、助け合ったらいいじゃないですか」

「だから、それぞれが責任を持つってことでいいじゃねぇか」

花田がうんざりした口調で言う。

話が噛み合わないのか、合わせないようにしているのか、それはわからない。三人の言うことも、安藤組にあっては正論かもしれない。盃によって縛られた一家とはちがう以上、自己責任で行動すべきかもしれない。

だが、「安藤」という名前があるからこそ、これまで肩で風切って歩いてこれたのではないか。

「おまえたち、〝茹で蛙《がえる》〟を知ってるか？」

花形が何を言い出すのかと、三人は怪訝な顔をした。

「水を張った鍋のなかに蛙を入れて火にかけるんだ。だんだん熱くなってるが、蛙は身体が馴れちまっているから、もう少し熱くなったら飛び出ればいいとタカをくくっているうちに、火傷で死んじまうんだ。とにかく、社長が帰ってくるまで俺たちで安藤組を守っていくしかねぇんだ。警察もウチを狙っている。揚げ足獲られねえようにな。なるべくケンカは避けてくれ」

花形の気持ちは西原には痛いほどわかる。安藤に殉じようとする花形は、安藤組を細らせることは絶えがたいことだったろう。だが、劣勢にある組織が配下に自重をうながすのは間違っているとも思った。

沈む船からネズミが逃げ出すように、末端の組員たちは敗走していくだろう。花形は、これまで以上に意気軒昂であるところをみせなければならない。花形は凶暴のままでいいのだ。いや、凶暴でなくてはならないのだ。

西原の予感は的中する。一人減り、二人減りしていくうちに次第に加速していく。足を洗う者もいれば、他所の街へ行って別の組織に入る者もいる。小グループをつくって活動する者もすくなかった。混沌としはじめた渋谷の街では、小グループのほうが、かえって動きやすかったのである。

安藤組は最盛期の半分以下になりつつあった。ここにきてようやく、安藤組の幹部や準幹部クラスは、自分たちの置かれている立場を悟るのだった。

六　「これからは東南アジアに目を向けろ」

前橋刑務所は明治二十一年竣工と古く、高い赤煉瓦《れんが》に囲まれた外観は古典的な監獄そのものだった。

獄舎は栗の角材で、釘を使用せずに組み立てられ、中央の五階建てほどの高さがある望楼《ぼうろう》を中心に放射状に建っている。望楼は古さのため朽ち、歴史を偲ばせた。

夏の太陽が赤い煉瓦を照りつける七月の梅雨明け、元山富雄は面会に訪れた。元山が取り立ての依頼を安藤に持ち込んだのが事件の発端だけに、すまないことをしたという思いが足を運ばせていた。

弁護士の話では、安藤は独房に入っているということだった。「囚人を煽情する恐れあり」というのがその理由ということだった。非道の〝乗っ取り屋〟に天誅を加えた英雄として、刑務所内でも人望を集めているからだろうと弁護士は言った。これは刑務官も同様で、何くれと世話を焼いているようだ、ともつけ加えたが、わずか二畳の独房での起居は息苦しく、つらいに違いないと元山は思った。

刑務官が立ち会い、狭い面会室で安藤と向かい会った。分厚いアクリル板に、小さな通声穴が無数に開いている。ダンディな安藤を見馴れているだけに、囚人服に坊主頭を見て、元山は涙がこぼれそうになった。

「どうですか、お身体は？」

「同じだね」

「組の人たちは、みんな元気にしています」

「西原は？」

「花形さんをサポートして頑張っています。みんなに信頼されていますからね。これから組を背負って立つのは健坊でしょう」

「あいつは不器用で、うまく立ち回るということができないから、貧乏クジを引かせることになるかな」

「安藤さんが出てくるまでの辛抱です。どなたか面会には？」

「うん。稲川さんが来てくれた」

「ほう。稲川親分が」

「遠慮して会わないで帰ったそうだ」

稲川親分は、「私のような素性の人間が面会すれば、何かとお上の心証も悪くなるでしょう。くれぐれも安藤さんをよろしくお願いします」――そう言い置いて帰って行ったと、安藤は刑務官から知らされたと言った。安藤の人徳と、稲川親分の器量の大きさだと元山は思った。

「みなさんに伝えることはありますか？」

安藤はちょっと考えてから、

「これからは、広く東南アジアに目を向けろ――そう伝えて下さい」

「どういう意味ですか？」

と元山は問いかけたが、

「時間だ」

と言って刑務官が立ち上がった。

「それじゃ、お元気で」

「ありがとう」

安藤は刑務官に連れられ、背を向けてドアから消えた。

元山は帰京すると、安藤事務所を訪ね、面会の様子を島田に伝えた。元気な様子に島田は安堵しながら、「広く東南アジアに目を向けろ」という言葉の真意に首をひねったが、

「主だった連中を集めますので、元山さんから社長の元気な様子を話してやっていただけませんか？　志気もあがるでしょう」

「わかりました」

「知り合いの寺が代々木にあります。五十人や百人は集まるでしょうから、そこを使わせてもらうよう話をしてみます。警察も目を光らせているので、寺なら法事か何かだろうと思うでしょう」

三日後、代々木の寺の本堂に、約六十人ほどの組員が集まった。迷走を始めた安藤組の将来に不安をいだく組員も多く、安藤がこれからの方針を示したのではないかという期待もあった。

マル暴を警戒して、元山は言葉を選び、手短に話した。

「安藤社長はお元気です。八年が満期ですか、仮釈は異例の早さになりそうです」

といった表現で、元山は「いまが辛抱だ」とメッセージしてから、

「社長の言葉をお伝えします。広く東南アジアに目を向けよ――。以上であります」

ざわめきが起こった。

「健ちゃん、どういう意味だろう」

山下が首をひねったが、西原は意味がわかった。

「一致団結して外へ目を向けろ」

と安藤は言っているのだ。

面会でそのことをあからさまに言ったのでは、組員が他組織と事件を起したときに〝教唆〟に問われかねない。自分の社会不在が長くなれば、安藤組は雲散霧消するだろう。亡くなった高橋輝男と安藤は、東南アジアへの進出をよく語っていた。西原がタイ式ボクシングの興行プランを安藤に話したとき、「興行もいいが、それをテコにビジネスに展開できると面白いな」とも言っていた。そんなことから、咄嗟に「東南アジア」という表現になったのだろうと西原は思った。

だが、このことは、安藤に身近に接している西原と島田にしか理解できないだろう。

「社長の言うことは、いつも難しくていけねぇな。さあて、これから練馬まで行って、借金の追い込みだ。西原、堀江を連れて行くぜ」

と言って、西原グループの堀江に顎をしゃくった。堀江は、宮益坂のナイトクラブ『コパ』で、花形に足を差し出して舎弟にしてくれと訴えた若者だった。

堀江が、極東関口会系の幹部、山田耕三に腹を刺されるという事件がもちあがる。

その夜、西原はグループの主だった人間を連れ、青山のスナック『ドール』にいた。近くにある高級クラブ『青い城』で、花形と山田たちが組員同士のケンカをめぐって話し合いが持たれていた。西原たちは万一に備えて待機していたのだ。

このころ渋谷にはいろんな組が進出しており、トラブルが絶えず、花形が処理に走り回っていた。こうした交渉は、孤高の〝ケンカ師〟に似合わないことだが、安藤組の〝組長代理〟としての責任感が花形を駆り立てていた。実働部隊として、西原グループが付き添った。

小一時間ほどして『ドール』に花形から電話があり、

「話がついた。堀江を寄こしてくれ」

と告げた。

「じゃ、堀江、あとは頼んだぜ」

所用があった西原は先に帰り、堀江が『青い城』に向かった。店の入り口で、帰りかけた山田と肩がふつかる。

「おっと、ごめんなさいよ」

と堀江が言うと、

「この野郎！　チンピラ！」

花形との話し合いが満足のいくものでなかったのだろうか、山田が吐き捨てるように言った。

「なにィ、この野郎！」

堀江がいきなり山田の顔面をブッ叩いたのである。

吹っ飛んだ山田を一瞥しただけで、急いで中に入ろうとした。気の短い花形を待たすわけにはいかない。そのとき、脇腹に焼け火箸を突っ込まれたような激痛が走った。山田が刺したのだ。

「てめぇ！」

堀江の鬼の形相を見て、山田は走って逃げ、雑踏にまぎれた。

このとき堀江の脳裏をよぎったのは、

〈やられっぱなしだと花形に怒られる、西原の顔に泥を塗る〉

という思いだった。

堀江の自宅は近い。すぐに取って返し、隠していた拳銃をズボンのベルトに差し込むと、新宿駅南口の深夜喫茶『南蛮』へ乗り込んだ。ここが極東系の溜まり場になっていた。組員たちは一人もいない。刺せば報復は必至。いっせいに体をかわしたのである。

〈一刻も早く西原に報告しなければ〉

と、出血で意識が朦朧とする頭で考えていた。抗争になれば西原が狙われる。タクシーをつかまえ、逃げ出そうとする運転手を怒鳴りつけて、原宿アパートに向かった。

「兄貴、堀江が！」

玄関に出た〝部屋住み〟の常盤が叫び、西原と落川が助け起こした。

「何があった」

「山田に刺されました。それで、『南蛮』に乗り込んだら、奴らいないもので……」

「哲ちゃん、落川と堀江をつれて、すぐ病院へ行ってくれ」

堀江は伊藤外科へかつぎこまれた。

西原はすぐさま『青い城』に電話し、花形と『マイアミ』で合流した。西原グループの桑原一平が同席していた。桑原は西原を慕ってグループ入りした人間だった。桑原は緊張して、固い表情をしていた。

「一平に山田を殺らせる」

と花形は言った。

「敬さん、それじゃ、社長の二の舞になる。いま敬さんがパクられたら安藤組はどうするんですか」

必至で説得した。

花形は説得に耳を貸すような男ではない。これまでの花形であれば、説得は〝火に油〟になる。ところが、〝組長代行〟という責任が花形を思いとどまらせた。

「わかった、健坊。山田のことは、いずれの楽しみにしておくぜ」

花形に悟られないよう、西原は安堵の溜め息をついた。

その足で、花形と西原は堀江を見舞った。病院には母親が付き添っていた。花形が黙って頭を下げると、気丈夫な母親は言った。

「安藤組に差し上げた息子ですから気にしないで下さい」

花形は、うつむいて肩を揺らした。

〈敬さん、変わったな〉

西原は思った。

山田の一件の翌月、今度は渋谷駅前で、安藤組と鹿十団《しかとう》の乱闘事件が起こった。手負いの虎を狙うかのように、各組織は安藤組に突っかかっていった。

第五章

花《はな》の露《つゆ》

一　弱いところから侵食されていく

八月五日未明、中川正人と早川文郎が連れだって、道玄坂をブラブラ下っていた。早川は花田グループで、中川はどこにも所属していなかった。「安藤のところの者」と言って渋谷でツッパッて生きていた。早川は成人していたが、中川はまだ二十歳前だった。

二人が渋谷駅前まで来たときのことだ。顔見知りが、トウモロコシを屋台で焼いて売っていた。

「暑いのに頑張るね」

中川が笑いかけると、

「食っていかなきゃなんないからね」

と、笑顔を返した。

屋台の男は安藤組の周辺に棲息する人間に過ぎなかったが、安藤組を名乗っている以上、若くても外から見れば安藤組ということになる。

雑談しているところへ、鹿十団の三人が通りかかった。鹿十団は品川区武蔵小山を縄張りとする愚連隊で、かつて安藤組と抗争した経緯がある。それ以後、渋谷に足を踏み入れることはなかったが、渋谷の混乱状態を見て、進出してきていた。統制の乱れによる安藤組の弱体化は、ヤクザ社会のパンドラの箱を空けたことになる。

「焼き方が悪いじゃねぇか」

と鹿十団がインネンをつけただけでなく、

「渋谷の連中は、トウモロコシ焼かなきゃメシが食えねぇのか」

と嘲笑したのである。

そばで聞いていて、中川がカチンときた。

「早川、やっちまうか？」

「よし！」と返事するが早いか殴りかかった。

乱闘が始まり、急を聞きつけた安藤組幹部の三崎が組員たちと駆けつけるや、木刀で鹿十団を叩きのめしたのである。これが結果として大きな事件となり、安藤組に大きなダメージを与えることになる。

昭和三十四年八月五日の読売新聞夕刊は、『屋台の客、殴り殺される　グレン隊トウモロコシ売りに　渋谷』と題して、こう報じた。

《東京渋谷の盛り場で五日未明グレン隊のトウモロコシ売りとその仲間たちに客のトビ職三人が袋だたきにあい一人は死亡、二人が重傷を負うという事件が起こった。

五日午前二時十分ごろ渋谷区栄通り一の五さきで品川区荏原六の六八トビ職栗本昭さん（二五）と同僚の川崎市小倉一〇二六長瀬武人さん（二一）同市中丸子六〇一大塚勇さん（二一）の三人はトウモロコシ売りの屋台を出していた若い男に「焼き方がたりないから焼き直せ」といったことから口論になった。そこにどこからともなくトウモロコシ売りの仲間らしいグレン隊十人くらいが現われ、栗本さんら三人を取り囲んで「いんねんをつける気か」と袋だたきにした。

通行人の一一〇番急報で渋谷署員がかけつけたがグレン隊は逃げたあとで、同番地さきの恋文横町入口に三人が倒れていたので近くの大和田病院に収容、栗本さんはたいした外傷がなく、腕などに全治一週間の診断で帰され渋谷署に寝かされていたが苦しみ出したので再び同病院に運んだが同四時四十分頭内出血が原因で死んだ。長瀬さんは左腕骨折、大塚さんは左肩打撲などでそれぞれ一か月の重傷。同署は渋谷にたむろするグレン隊のしわざとみて警視庁捜査四課の応援で捜査を始めた。

なお被害者の栗本さんは武蔵小山付近のグレン隊「鹿十団」のもので、さる三十一年六月強盗で荏原署につかまったほか数回の逮捕歴がある。》（読売新聞8月5日付）

西原も一報を聞いて、原宿アパートからクルマを飛ばした。トウモロコシを焼くというのもどうかと思うが、鹿十団とはいえ、トビ職人にインネンをつけられたことのほうが、西原には衝撃だった。安藤組のコワモテにケンカを売る人間はいないが、弱いところから侵食されていくということか。蛇の道はヘビで、警察より早く、百軒店のバーで中川と早川を見つけた。

西原が店に入り、中川の顔を見て驚いた。

「正人じゃないか」

「ご無沙汰しています」

中川が面長の四角い顔をペコンと下げた。

不良少年の一時期、中川は國學院大學空手部に稽古に来ていて、当時、四年生で主将だった西原が指導したのだ。実は、初代主将で、岡崎英城の秘書から渋谷区会議員になった小倉基の義弟と中川は仲がよく、つるんで遊び回っていた。そこで小倉が、武道精神を叩き込めば少しはヤンチャがおさまるのではないかと思い、

「西原、ひとつ面倒をみてやってくれ」

と言って連れた来のだ。

中川は継母に邪険にされ、中学校の授業料も納めてくれないということや、思いあまって継母を刺し殺そうと、出刃包丁を握って待ち伏せたことなど、稽古のあとのラーメン屋で語ったことがある。中川少年のあどけない顔を西原は思い返していた。安藤組を媒介として、ここで

も因縁の糸が絡まり合っていた。

他の不良少年がそうであるように、中川はあこがれをもって安藤組に入ってきたはずだ。だが、その安藤組に将来はあるのか。自問して、西原は言葉に詰まるのだった。

二　不器用に生きてこそ〝漢《おとこ》〟

このころ花形は、昔の傷害事件を掘り返されて長野刑務所に収監されていた。

花田が代わって安藤組を仕切っていた。参謀の島田はキレ者だが、キレ者が存在感を示すのは組織に勢いがあるときであって、劣勢にまわれば立場は弱くなる。島田はグループを持たず、武闘力はなかった。安藤が新宿で不良少年をやっていたころからの舎弟で、安藤組では最古参になる。

「何があっても島田だけは立ててやれ」

と、安藤は幹部たちによく言っていたが、安藤が長期の社会不在になれば、島田が求心力を失っていくのは当然だったろう。

花田は〝トウモロコシ事件〟に関わった者すべてに対して、渋谷署に自首するよう命じた。このなかに幹部で武闘派の三崎も入っている。

「なぜ」

と、西原は花田に迫った。

「いま三崎さんがパクられたら、ウチは大変なことになる。出頭するのは屋台のヤツと、あと一人か二人でいいじゃないですか」

言葉づかいに気をつけながら、それでも断固として言った。

〈西原はいつもこれだ〉

と、花田にしてみれば舌打ちをしたくなったのではなかったか。

世のなかは何でもかんでも割り切れるものではない。警察は「全員出せ」と強硬に言ってきている。いやならますます安藤組を締め上げる――という恫喝でもあったろう。ここで警察の顔を立てて〝貸し〟にしておいたほうが、今後のことを考えれば得策だという考えもある。譲るところは譲り、融和を図っていくのが大人の対応というものだ。それに安藤組はハッキリ言ってジリ貧になっている。そう思えば、他組織と手を結ぶとか、もっと柔軟な処し方があるのではないか。花田はそう考えていたのかもしれない。

「とにかく西原よ、やった連中はもう割れちまってるんだ。自首させたほうがいいに決まってるじゃねぇか」

「だけど」

「もう決めたんだ！」

花田は武闘派の一方で、妥協によって落としどころを探る交渉力も持っていた。

早川は一年半の実刑。中川は未成年ということで不定期刑となり、三年を刑務所で過ごすことになる。


事件が一段落して、西原は落川を飲みに誘った。

「結婚するんだってな」

西原が言った。

「えッ、まあ。腐れ縁で……。式も何もなしで、婚姻届の紙切れ一枚ですけど」

落川が頭をかいた。

先日、文恵からそう聞いていた。落川はまだ大学に籍があって、いま三年生だった。同棲している女が喫茶店で働き、それを学費に回してくれていた。

「大学をちゃんと卒業して、まともな会社へ就職しろ」

「なにをおっしゃるんですか。自分はこのまま西原先輩についていきます」

「バカ野郎。表社会に棲む場所のない人間がヤクザになるんだ。おまえは違うだろう?」

中川正人のことが頭のなかにあったのだろう。そんな言い方をして、

「カッコつけて肩で風切って歩いても、蹴つまずけば泥まみれだ。ヤクザなんてそんなものだ。深入りしないうちに足を洗え」

「だけど先輩」

「うるせぇな、四の五の言やがって。おまえの器量じゃ、ヤクザにゃなれねぇって、さっきから言ってるんだ！」

怒鳴りつけて、席を立った。

落川は泥酔した。アパートに帰って、「西原先輩に裏切られた」と同棲している佳枝に憤懣をぶちまけた。佳枝は微笑んで、こう言った。

「西原さんて、やっぱりやさしい人なのね」

この一言に落川は衝撃を受けた。

西原という男は、稽古を休むと徹底してヤキを入れた。監督になってからも、それは変わらなかった。退部する人間は、部員全員が入れ替わり立ち替わり、気絶するまで組手をさせた。

その一方で、マジメに稽古に出てくる部員には、

「勉強が大事だ。授業を休んでまで稽古に出てこなくていいぞ」

と、やさしく声をかけた。ジャズバンドのボーカルをやっている部員で、横浜のクラブに出演してた一年生が、

「五時半の電車に乗らなくては間に合わないんです」

素直に正面切って頼めば、

「いいぞ、途中で練習は切り上げろ。そのかわり、ボーカルで名を上げろよ」

と笑った。

逃げたり、こそこそと陰に隠れてやる人間をトコトン嫌った。西原は、そういう男だ。あえてつらく当たることで、ヤクザを断念させようとしていることに落川は気がついた。西原のそばに一生いるつもりだったが、命令に従うのが〝先輩孝行〟だと自分に言い聞かせるのだった。


落川に話をした翌日、勤め帰りに寄った文恵に、西原は告げる。

「引っ越してこいよ」

文恵は声が出なかった。

「いいの？」

絞り出すようにして言った。

「ただし」

「ただし？」

「明日死ぬかもしれないし、百まで生きるかもしれない」

「私もそれは同じよ」

「だけどヤクザは、明日死ぬ確率が高いのさ」

西原は何かに急かされるようにして生きていた。

安藤組の前途は依然として厳しく、三カ月先すら見通すことができなかったが、西原のシノギはこれまでと変わらなかった。西原に対する信頼と人間性によるものだろう。いくつかの店の〝ケツ持ち〟をする一方、ダンスパーティーを開いたり、歌謡ショーの興行を打っていた。アガリの半分は花形に納めた。気がかりは、タイ式ボクシングの興行に手をつけられないことだった。太田も安藤組の状況を知っており、しばらく静観することにしていた。

ありがたいことに、『ハッピーバレー』の樋口社長は、

「そろそろ潮時なんじゃないか。うちの会社に来て手伝ってくれると助かるんだけどな。事業を拡大したいんだが、人材がいない。健ちゃんなら申し分ないんだけど」

そう言って誘ってくれたが、

「社長が不在のときに自分が動くわけにはいきません」

丁重に断った。

この話を西原からきいた文恵は、

「あら、もったいないわね」

と、西原の部屋でお茶を煎れながら言った。

「バカ野郎、なに言ってやがる。目の前のエサに食いつくのはタボハゼのすることだ。俺はハゼなんかじゃねぇ」

「じゃ、何かしら？」

損得を考えれば、誘いに乗るべきだ。そのことはもちろん西原もわかっている。わかっていて、背を向ける。男はそうあるべきだと思っていた。

「健ちゃんって、ホント、不器用ね」

「よってたかって不器用、不器用って言いやがって」

と抱きついて上から押さえつけた。

「来週……」

「なんだ？」

「両親にきちんと話をして、家を出ます」

下から西原を真っ直ぐ見上げながら言った。

三　ヤクザ社会の地殻変動

横井事件からわずか二年の間に、安藤組という台風は迷走を続け、その勢力は次第に削がれつつあった。西原は安藤と花形という両輪を欠いて、悪戦苦闘した。自分は器量がないのではないかと苦悩もした。

だが、西原の与《あずか》り知らぬところで、ヤクザ社会は大きく変貌を遂げつつあった。東京オリンピックの開催がＩＯＣで正式決定し、日本中が喜びにわく、その足元の地中深くで、地殻変動が起こりつつあった。

昭和三十五年八月九日、大阪で明友会事件が勃発する。

この夜、三代目山口組・田岡一雄組長がミナミのサパークラブ『青い城』で歌手の田端義夫をねぎらっていた。そこへ、同店に居合わせた明友会の人間たちが田端に歌うように迫った。ボディーガード役の中川組・中川猪三郎組長が慰労中であることを理由に断り、同席の田岡が山口組三代目であることを告げたにもかかわらず、明友会の一人が中川をビール瓶で殴打。ケンカになり、明友会側は「いつでも来い。相手になってやる」と言い残して店から立ち去る。

これが発端だった。

激怒した山口組は総攻撃を仕掛け、死者を出すなどして明友会を殲滅《せんめつ》する。明友会は最高幹部十五人が指を詰めて手打ちを行う。この抗争で大阪府警は山口組組員八十四人を検挙するが、そのうち五十六人が殺人と殺人未遂だった。これを契機として、山口組は大阪に進出。やがて全国各地にその勢力を伸ばしていくことになる。

急速に加速する高度経済成長を背景に、ヤクザたちは激しくぶつかっていく。

大阪で盟友会事件が起こっているころ、六本木のクラブで西原グループと町井一家幹部の吉野次郎がモメた。ささいなことから口論になり、堀江、小野、熊崎の三人が路上に引っ張り出して、殴る蹴るの暴行をはたらいたのである。柔道四段の小野に空手三段の熊崎、そしてケンカでは一歩も引かない堀江の三人となれば、ケンカは修羅場だった。

三人は意気揚々と引き上げたものの、このあと始末をどうつけるか。冷静になるにつれて、そのことが気になってきた。

「兄貴に話したほうがいいんじゃないか?」

小野が言い、すぐさま西原の原宿アパートにタクシーを飛ばした。

文恵がビールを出して、隣室に消えると、いきさつを報告した。

「どの程度のケガだ?」

「ボコボコにしたので……」

と三人は口ごもった。

「死んじゃいないんだな」

三人がうなずく。

西原は迷った。相手は町井一家だ。黙っているわけがない。このままでは抗争になる。安藤がシャバにいた二年前までの安藤組なら望むところだ。すぐさま動員をかけて攻め込んでいるはずだ。いまも抗争するだけの力はあるが、それは組が結束していればのこと。それぞれのグループに自己責任を押しつけ、我れ関せずとなれば抗争はできない。

三人にも、それはわかっている。

「俺たち、しばらく渋谷から体《たい》をかわしてましょうか?」

小野が言うと、

「いや」

西原がきっぱり言った。

「明日、銀座の町井に会いに行く。町井でなけりゃ、話はつかない。〝道具〟を用意しておけ」

ヤクザ社会は瞬時にして情報が駆けめぐる。六本木で町井一家ともめたことは、すでにヤクザたちの耳に入っているはずだ。注視しているのは安藤組の動向だ。町井一家が〝返し〟に出るのはわかっているが、これに安藤組がどう対処するか。これによって安藤組のいまの実力がわかる。

〈ここで退けば、安藤組は終わる〉

西原はハラをくくったのだ。

「文恵、仕度しろ」

西原が立ち上がった。ここにいては、町井一家に狙われる危険があった。三人はそれぞれ〝道具〟を取りに家に寄って、渋谷円山町の料亭『立花』で落ち合うことにした。古くからつき合いのある料亭で、ここなら安心だった。

西原が花田に電話をかけた。

すでに花田は知っていて、

「動くなよ」

と開口一番、言った。

「俺のほうで話をしてみるから、動かないでじっとしていろ」

「退くわけにはいかないでしょう」

「とにかく早まるな」

「ワビを入れての手打ちはなしですよ。東京中のヤクザが見ている。ここで退いたら、安藤組は笑われる」

「いいから、俺にまかせて……」

西原が電話を切った。

安藤が幹部の志賀を連れて尾津組長宅に掛け合いに行った日のことを思い返していた。

「ケンカは頂上を狙え」

安藤がそう言ったことがある。

「蛇と同じですか？」

「違うな。あそことやれば自分が狙われるとわかってりゃ、若い者にケンカさせないようにする。だから、あそこの組は必ず頂上を狙ってくるという実績が大事だ」

安藤の言葉を反芻するのだった。


翌早朝、西原が三人に告げる。

「俺が町井と話《なし》をぶつ。もし話が壊れたら、その場で殺ってしまえ」

気負いもなく、平然と言った。

殺れ——といったことを西原は口にする男ではなかった。実際、三人は耳にしたことはこれまで一度もなかった。そういう意味では理性的。ケンカは強いし度胸もあるが、武闘派ヤクザというのとは違った。そこが魅力であり、同時にヤクザとして物足りなさを感じてもいた。だが、いま目前にいる西原は、平然と「殺れ」と命じた。

〈西原は安藤組を背負っている〉

と三人は震えるほどに感激した。

文恵は奥座敷に正座したまま、まんじりともしなかった。西原と暮らすことを両親に告げたとき、二人はキョトンとしていたが、意味を理解して母親は卒倒し、父親は発狂したかのように怒った。頬を張られたのは、生まれて初めてのことだった。涙がこぼれた。一つを選び取ることは、もう一つを捨て去ることを意味する。それが哀しかった。頬の痛みに親の愛情をひしひし感じたのだった。

西原が奥座敷に顔を見せて、

「見送らなくていい。俺にもしものことがあれば実家に帰れ」

とだけ告げて足早に玄関に向かった。

山下がクルマの運転席にいた。

「哲ちゃん」

「仲間はずれにするとは冷たいじゃないか」

と笑った。急を聞きつけ、三人の誰かに連絡を取ったのだろう。

そこへマーキュリーがやって来て急停車し、花田がおりてきた。

「動くなと言っただろう。気になってくりゃ、このざまだ。どこへ行くんだ」

「町井のところ」

「町井？　まさか、西原……」

花田が眉間に皺を寄せた。

「話がつかなかったら殺《や》る」

「待て。いま町井を弾いたら大変なことになる」

「いつから安藤組は紳士になったんですか」

「とにかく、俺にまかせて、いまはじっとしていてくれ」

花田にここまで言われては、西原も折れざるをえなかった。

だが、このままじっとしていたのでは、結局、安藤組は安目を売ることになる。それが我慢がならなかった。一歩引けば、相手は一歩出て来る。それがヤクザ社会だ。

「吉野の事務所、わかっているか？」

「新宿三光町です」

山下が答える。

「よし、これから掛け合いに行くぞ」

西原のダッジが急発進した。

吉野の事務所は新宿三光町の裏手にあった。

元床屋だった家を借金のカタに押さえ、事務所にしたのだと、ワケ知りの山下が運転しながら解説した。平屋の仕舞屋《しもたや》風だった。西原を先頭に四人が乗り込んだ。応接ソファに、頭を包帯でグルグル巻にした吉野が煙草を吹かしながら新聞を読んでいた。

「なんだ、てめぇら！」

新聞を放り出し、若い衆たちが身構えた。

「掛け合いに来ました。結論だけくれませんか」

吉野は不意をつかれた。まさか、いまの安藤組が乗り込んでくるとは思わなかった。出会い頭のケンカはしても、組織をあげての抗争はしないものとたかを食っていた。いま組の舵取りをしている花田は武闘派だが頭も切れ、他組織と共存共栄を図ろうとしている。そのためには譲るところは譲るという現実主義者でもある。

だから話はしやすい。だが、目の前にいる西原は若いくせに昔気質のところがあり、頑固で御しにくいと聞いている。実際、こうして乗り込んできたことでもわかる。

吉野は手打ちにもっていくことにした。

〈いま、あえて事をかまえなくても、安藤組はいずれ壊滅する〉

そう思ってのことだった。安藤が出所してくれれば厄介だが、それも、そこまで組がもてばの話だ。花形が先に出て来たとしても、組をまとめるタイプじゃない。

「わかった。手打ちだ。実は以前、うちの人間が六本木でケンカしたとき、安藤さんところの若い衆に助けてもらったことがある。そのときの借りを返すということにしたい」

西原がうなずくと、

「ただし」

と、条件を出してきた。

「俺も立場がある。向こう一年間、安藤組の人間は六本木に出入りさせないでくれ」

「それは無理だ。安藤が不在だし、俺は組のトップでもない。六本木に出入りするなと言える立場じゃない」

「手ぶらじゃ、手打ちはできない」

「わかった。この三人は六本木に出入りさせないということで手を打ってもらいたい」

「いいだろう」

「一年は長い。現実的ではないし、周囲もそう思うだろう。むしろ半年としたほうがいいんじゃないか？　お宅の顔も立つし、こっちもそれなら呑める」

「わかった」

吉野はそう返事しながら、なるほど、ウワサどおり、頑固で御しにくい男だとハラのなかでつぶやいていた。

一夜明けた夕刻、西原がニヤリとして三人に言った。

「早いもんだな。もう半年経ったぜ」

彼らは歓声をあげて六本木のネオン街に向かった。


組織暴力追放を旗印に、警察は徹底して安藤組を狙った。

花田が逮捕された。走っている車にわざと自分のクルマを接触させ、言いがかりをつけて金を脅し取ったという容疑だ。クルマの接触は事実だが、わざとでもなければ、脅し取ったわけでもない。怒鳴りあげたことが脅迫に当たるとして、逮捕に踏み切った。

飲食店経営者の依頼で、ツケの取り立てに行った組員は恐喝容疑で逮捕され、これを理由に警察は事務所を家宅捜索。捜査員の前に立ちふさがっただけで、公務執行妨害として引っぱった。渋谷の街で、安藤組は警察によって狩り立てられていた。

「警察《サツ》はヤクザよりタチが悪い」

と山下は冗談を言ったが、西原は笑うことができなかった。警察に安藤組が締め上げられれば他組織が進出してくる。警察は組織暴力追放を旗印にしているが、縄張《シマ》の支配者が変わるだけに過ぎない。逆風にどこまで耐えられるか。ヤクザ社会は、相手の縄張を侵食すると同時に、生き残りをかけたサバイバル戦争でもあった。結束の乱れたほうが自滅していく。

準幹部の一人が、麻薬の密売容疑で警視庁に逮捕される。安藤は、麻薬に手を出すことを厳しく禁じていた。人の生き血を吸ってシノギすることは、彼の美学が許さなかった。安藤組の掟でもあった。その麻薬に手を出し、準幹部は密売組織をつくって売りさばいていたのだ。シロアリが音もなく家を食いつくしていくように、安藤組は内部崩壊を起こしつつあった。

花形が長野刑務所を出所してくるのは、ちょうどそんなときだった。

四　花形敬、最期の時

花形は本気で安藤組を支える決意を持っていた。

刑務所のなかで考えたのか、

「健坊、何だかんだ言っても、これからの時代、経済力は大事だな。それと、つまんねぇケンカはよして、他組織《よそ》ともうまくやっていかなきゃな」

と、真顔で言った。

「あれ？　それって、敬さんの真逆じゃないですか」

西原が茶々を入れると、

「俺はどうだっていいんだけど、社長が出てくるまで、安藤組は何が何でも守っていかなきゃならねぇんだ。そうだろ、健坊」

「で、その経済力は、具体的にはどうするんですか？」

「ビールとかオツマミ、それに花やレモンなんかを飲食店に卸すってのはどうかな」

そんなことは、どこの組でもやっている。そういうことに疎《うと》いというより、稼ぐということに関心がないのだ。花形一族は武田二十四将の一人に連なる名家ということで、花形が裕福に育っていることと無縁ではないのだろうと西原は思った。卸しをやった程度で組の財政基盤になるわけはないが、反対するわけにもいかない。

「いいですね」

「だろう？　会社の名前はもう考えてある。安藤の〝安〟に〝栄える〟で、安栄商事だ」

こうして、安栄商事をはじめ、小型の三輪トラックを購入。西原グループの若い連中を築地市場に走らせ、こまごまと仕入れた。息のかかった店はもちろん、あちこち強引に卸して歩いたが、すべてドンブリ勘定。しかも、花形は集金させてきた金をわしづかみして飲み歩いた。「武士の商法」ならぬ「ヤクザの商《あきな》い」がうまくいくわけがなく、ものの数カ月で花形は興味をなくした。

渋谷は武田組が勢力を盛り返してきた。錦政会が勢力を張り出す一方、町井一家も揺さぶりをかけていた。老舗の落合一家も深く根を張っている。さらに極東、松葉会、住吉一家なども進出している。安藤組は小競り合いを繰り返していたが、同じ安藤組でも他グループのケンカには関わらないようにしていた。後始末をするのは花形と西原が中心となっていた。

そんなある日、安藤組の一人が、町井一家の若い衆とトラブルになり、ドスで顔をめった斬りにしてしまった。

「敬さん、ヤバイから引っ越してください。町井一家は敬さんを狙いますよ」

と、西原が強く言った。もし、自分が町井一家の立場なら、花形を殺って安藤組と一気にカタをつけるだろう、と思った。安藤が出所してくるまで、何としても花形には生きていてもらわなければならない。

「そうだな」

めずらしく花形が素直に聞いた。何か感じるものがあったのだろうかと、花形が殺されたあと、西原は考えるのだった。

花形は引っ越した。渋谷から離れ、二子多摩川の橋を渡った先――川崎市内のアパートだった。だが、狙う者と狙われる者では、狙う者が強い。町井一家側は花形の尾行を続け、アパートを突き止めた。刺客を放ち、花形の帰宅を待ち受ける。

昭和三十八年九月二十七日午後十一時すぎ、花形はみずから運転して帰宅した。駐車し、クルマをおりたところで、男が二人、トラックの陰からあらわれ、両側からはさむようにして立った。

「花形さんですか」

「そうだ」

と答えた瞬間、二人は同時に柳葉包丁を花形の脇腹に刺していた。

読売新聞夕刊は、花形刺殺を次のように報じた。

《〔川崎発〕二十七日午後十一時十五分ごろ神奈川県川崎市二子五六さき路上で、二人組のヤクザふうの男と口論していた男が、二人組の男の一人から鋭い刃物で心臓を突き刺されて間もなく絶命した。通りかかった同番地デパート店員田口義順さん（二五）と、通行中の高校生二人（いずれも十六歳）が、百五十メートル追いかけ、多摩川土手に追いつめたところ、二人組の一人がピストルで田口さんめがけて発射、田口さんは右肺を撃たれて出血多量で重体。犯人たちは待たせてあった黒塗りの乗用車に飛び乗り、別のもう一人の男の運転で東京方面に逃走した。

近所の人から一一〇番の通報を受けた川崎・高津署は全署員を非常招集するとともに、隣接する中原、稲田両署の応援を得て捜査している。殺された男は持っていた自動車運転免許証から東京都世田谷区船橋町一〇九四花形敬さん（三三）とわかった。

花形さんは東京・渋谷をナワ張りにしている暴力団「安藤組」の大幹部。三十三年六月、銀座のビルで東洋郵船社長横井英樹氏をピストルで撃った「横井事件」では、安藤昇組長の参謀として襲撃計画をたて、東京高裁で殺人未遂ほう助罪などで懲役二年六月の判決を受けた。

その裁判で保釈中には、三十四年六月二十日、七月三十一日と続けて二回も渋谷署員に乱暴を働いてつかまるなど、前科だけでも七犯、二十四回もの逮捕歴がある暴力団員。安藤組長が服役中、安藤組の事実上の親分格となっていた。

渋谷署では、安藤組は横井事件で安藤組長ら幹部が逮捕されて以来、すっかり落ち目だが、I一家が横浜－川崎－東京とナワ張りをひろげ、渋谷で安藤組とことあるごとに対立、いざこざが絶えず、最近その対立が深刻になってきたため警戒していた矢先だった。》（読売新聞夕刊9月28日付）

西原は即座に動いた。都内のヤクザ組織は、安藤組がどう動くか注視している。花形が殺られたのだ。本来であれば総力戦になる。渋谷から町井一家を駆逐し、さらに追って攻める。だが、安藤組は多くの幹部が収監されており、それだけの統制がとれていない。西原グループだけでは限界がある。やれるとしたら、町井の生命《タマ》を取ることだ。

町井を追った。渡韓していた。手が届かない先だった。報復を断念するしかなかった。安藤組はメンツを失った。

西原は、原宿ハイツのベランダに坐り、ぼんやりしていた。新しく西原グループに加わった若い三本菅啓二が背後に控えていた。西原の手に銀色のライターのようなものが握られている。三本菅が目を凝らすと、婦人用の二十二口径のコルトだった。西原は何を考えているのか、コルトをじっと見つめていた。三本菅は知らなかったが、このコルトは安藤が護身として愛用していたもので、西原が譲られたものだった。

西原は昨日、花形の家を訪ねたときのことを思い返していた。四十九日が過ぎたことでもあり、西原はまとまったお金を花形の奥さんに持参した。アパートに着くと、奥さんはテラスに置いた鉢植えの花に、ジョロで水をやっていた。

「ごめんなさい、いま終わりますから。敬さん、花を枯らせると怒って家に帰ってこなくなるんです。それで、いつもこうやって水を……。でも、敬さん、とうとう帰ってこなくなった」

嗚咽した声が、いまも耳朶《じだ》に残っている。

花形はなんのために命を落としたのか。安藤は何のために独房でつらい拘禁生活を送っているのか。そして自分は何をしようとしているのか。どの問いにも答えは見つからなかった。

ベランダの隅で、秋の日差しをうけて、猫が気持ちよさそうに眠っている。西原が猫に向かってコルトを構えた。引き金を絞る瞬間、猫から照準を外した。軽い音がして、弾は猫をかすめて壁に当たった。

「いま何か音がしなかった？」

部屋から文恵が顔をのぞかせ、西原の手にあるコルトに目をやって、

「そんな、ぶっそうなものを出して！」

と世話焼き女房の口調で言った。

〈俺は、敬さんのように文恵を泣かせることになるのか？〉

西原は思った。

花形が刺殺されたことで、西原を知る人たちは足を洗うよう説得した。タイに一緒に行った太田は、

「もう安藤組には義理を果たした。よければ興行を手伝ってくれないか」

と言ってくれた。

『ハッピーバレー』の樋口社長も、前々から誘ってくれている。カタギだけではない。山口組とは興行を通じてつき合いがあり、

「西原はん、神戸にきたらどないや」

と誘ってくれているし、都内の有力組織からも声がかかっていた。

西原に迷いがなかったと言ったらウソになるだろう。何をやるかはともかく、三十歳とまだ若い。人生、これからだ。そんな思いがよぎる一方、安藤組を見捨てるのを潔《いさぎよ》しとしない気持ちも根強くあった。

そんなとき、三本菅が宇田川町にあるバー『ランプ亭』で飲んで外に出たところを、錦政会の人間たちにアイスピックで背中を刺されるという事件が起こる。三本菅は目の前のバーに飛び込むや、包丁を持ち出して連中を追ったが途中で倒れる。アイスピックは肺にまで達し、三カ月の重傷だった。

西原グループの一員と知ってやったに違いない。病院に駆けつけた西原は、自分の身の振り方に心が動いたことを恥じた。若い連中は、こうして命を的に踏ん張っているのだ。何かことあれば、最後を看取るのは自分の責務ではないか。

五　「人生ってさみしいな」

昭和三十九年は東京オリンピック開催の年とあって、マスコミは年明けから話題で持ちきりだった。開会式の十月十日に合わせ、東海道新幹線をはじめ、羽田と浜松町を結ぶモノレールなど交通インフラが急ピッチで建設されていた。

花形を亡くして、安藤組の幹部たちは渋谷を敬遠するようになった。面倒なことに関わるのを避けたのである。日本は高度経済成長をひた走っており、うま味のあるシノギはいくらでもあった。近代ヤクザを標榜する安藤組は、組織をあげて縄張《シマ》を死守するという意識が乏しかった。それでも、安藤組の若い者たちは渋谷で生きている。西原が退けば、彼らは糸の切れた凧になってしまう。退くわけには、どうしてもいかなかった。

一月四日、喫茶店でスポーツ紙を読んでいて、西原の目がとまった。

《空手がタイに遠征、タイ式ボクシングと他流試合をする。遠征する空手修業者は極真会（会長・大山倍達八段）の師範代・黒崎健時四段、中村忠二段、藤平昭雄初段の三人で、一行は十五日午前九時二十分羽田発の日航機で出発、二十一、三十日の両日バンコクのナショナル・スタジアムで対戦する。》（日刊スポーツ1月14日付）

思えば九年前の正月、中山正敏先生がタイ式ボクシングについて語った記事を読んだのも、この喫茶店だった。西原が挑戦して、早いもので六年の歳月が流れていた。

六月に入って、安藤に本面《ほんめん》（仮釈放のための本面接）がかかったという話を弁護士から聞かされ、西原の胸は躍った。長くても、あと数カ月で仮出獄してくる。山下にだけ教えて、口止めをした。このことを他組織が知れば、安藤の出所前に安藤組の息の根をとめにかかる危険がある。それに、安藤の仮出所が治安に悪影響を及ぼすと判断されれば、仮釈はもらえなくなる可能性もある。満期まで置かれると、まだ二年もある。ここは慎重にことを運ぶべきだと西原は考えた。

文恵にも内緒にした。実は、西原は文恵の両親と会っている。家を飛び出したあと、都内のホテルで会った。「あなたが死ぬまで、娘にわが家の敷居は跨《また》がせません」と父親は言った。勘当ではなく、「あなたが死ぬまで」という言い方に、深い憎悪と、娘への未練を西原は感じた。

合宿が近くなると、空手部員がＯＢを訪ね、カンパを求めてくる。西原はカンパに応じるだけでなく、監督を務めたこともあり、合間をみて合宿にはできるだけ顔を出すようにしていたが、ここしばらくご無沙汰している。安藤がもうすぐ帰ってくる。渋谷は目が離せないが、今年は合宿に参加しようと思った。無性に空手着に手を通してみたくなったのだった。

合宿は、今年は札幌で行うということだ。文恵に言うと、ぜひ行ってらっしゃいと言ってから、

「あなた」

と、改まって言った。

「赤ちゃんができたの」

一瞬、声が出なかった。

「予定日はいつだ」

「来年の二月九日」

「身体に気をつけろよ」

「はい」

文恵が笑った。

札幌合宿で後輩たちを相手に汗をかき、西原は生き返ったような気分だった。安藤も帰ってくる。花形がいないのは淋しいが、新しい人生が始まるような気がした。組員は五十人を割ってしまった。だが、安藤が渋谷に姿を見せれば、すぐに盛り返すに違いない。

「せっかく北海道に来たんだ。帰りに函館に寄るが、誰かつき合わないか」

西原が声をかけ、何人かが手を上げた。

札幌から汽車で南下し、一度、訪れてみたいと思っていた五稜郭に行った。花形が酔うと、よく土方歳三のことについて話していた。それが歴史上の人物であれ、人を誉めることのない花形が、「あれは本物の男だ」と、土方には心酔していた。東京を発つときから、供養のつもりで五稜郭を訪ねてみようと思っていた。

土方は幕末、五稜郭で戦死する。総大将だった榎本武揚はじめ、多くの幹部が投降していくなかで、土方は「ここで降伏しては近藤に合わせる顔がない」と言って最後まで戦った。投降した幹部たちは維新後、新政府に登用され、大臣など要職に就いている。そういう生き方を潔しとしなかった「滅びの美学」で、ここが花形を惹きつけていた。

「健坊、土方のこんな句を知っているか。『梅の花　咲《さけ》る日だけに　さいて散《ちる》』。これは、男の句だぜ。梅は、短くても精一杯咲いてみせる。この凛とした姿に、土方はこれからの行く末を重ね合わせ、自分もそうありたいと詠んだんだな」

花形は、粗暴な一面ばかりが語られるが、世田谷一の進学校として知られる千歳中学を出ている。ケンカが強いだけでなく、勉強もできた。ナイーブな一面を持っているが、それを見せる相手は、西原以外にいなかった。

五稜郭を歩くと、土方と花形がダブってくる。花形の奥さんが鉢植えの花にジョロで水をやりながら、「敬さん、花を枯らせると怒って家に帰ってこなくなるんです」と言った言葉を思い浮かべる。散る花だからこそ、精一杯咲かせてやれという花形の思いやりだったのだろうと思った。大輪のヒマワリも、ひっそりと路傍に咲く名もない野花も、いずれ散っていく。花を愛する〝伝説のケンカ師〟は、花におのれの生き方を投影していたのだろうか。

「人生って、さみしいな」

西原が、ポツリとつぶやく。

耳にした二年生が怪訝《けげん》な顔をした。

六　花と銃弾

花形の死から一年が過ぎた昭和三十九年九月十五日正午――。組員たちが総出で出迎えるなかを、安藤が出所する。

西原と目が絡む。

安藤が小さくうなずいた。

安藤組は活気づいた。

西原の思い描いたとおり、安藤組はこれから盛り返す。その前に、ゆっくり静養してもらうことだ。健康診断すると、「軽度の栄養失調。少し肝臓が弱っている」ということだった。安藤は熱海にある知人の別荘に腰を落ち着けた。

西原は他組織の動向に神経をとがらせながら、着々と安藤組再興の準備を進めていく。一国の革命でさえ、一人のカリスマ指導者によって起こるのだ。

「安藤昇が渋谷に帰ってきた」

この一語には強烈なインパクトがあった。かつて、安藤組を見てあこがれた不良少年たちが参集しつつあった。安藤がどんな手を打ってくるのか――。他組織は注視した。

十月十日、快晴の国立競技場上空に、自衛隊飛行チーム「ブルーインパルス」がスモークを使ってくっきりと五輪マークを描く。

「見事なもんだな」

熱海の別荘で、テレビを観ながら安藤が言った。

「社長とこうしてオリンピックが見れるとは思いませんでした」

西原が正直に思いを伝える。

八キロほど落ちていた体重も少しずつ元に戻っているのだろう。頬のあたりが丸みを帯びている。西原は多忙な合間を縫って、東京と熱海をクルマで往復していた。島田が相手をしていたが、オリンピックは大勢で見たほうが楽しいだろうと、西原はいつも山下を伴っていた。

重量挙げフェザー級で、三宅義信が金メダル。バーベルを上げるときは見ているほうも手に

安藤昇、出所祝い。三列目、左から３人目が西原健吾。１列目左から４人目が安藤昇。

力が入った。「東洋の魔女」と呼ばれた日本女子バレーボールチームは、回転レシーブを用いて金メダルを獲得。日本中がテレビの前にクギづけになった。今回から正式種目に採用されたお家芸の柔道、そして体操も圧倒的な力で金メダルを獲得していく。最終日の男子マラソンは、円谷幸吉選手が死力を振り絞って、自己ベストの二時間十六分二十二・八秒で銅メダルを獲得。国立競技場に初めて日の丸が掲揚された。金銀銅あわせて二十九個を獲得。金メダル十六個は米ソに続く第三位という快挙であった。

終戦から十九年を経て、日本は世界に誇らしく胸を張ったのである。

「まさか、こんな時代になろうとはな」

「自分は昭和九年の生まれですから、終戦は十一歳でした」

「ずいぶん立派に成長したじゃないか」

安藤がめずらしく混ぜ返し、別荘は笑いにつつまれた。

「じゃ、帰ります」

西原と山下が腰を浮かせた。

このときの西原の笑顔が、安藤が見た最後となる。

十一月六日、渋谷区宇田川町プリンスビル地下三階のバー『どん底』で、西原グループの三本菅啓二が錦政会三本杉一家八名に日本刀で襲われた。ここは西原が面倒を見ている店だった。

三本菅はすぐさまカウンターを乗り越えると、店に置いてあった肉切り包丁をつかんで階段を駆け上り、路上で乱闘になったのである。俊敏で度胸のある三本菅が三人を叩き斬ってから、大量の返り血を浴びたまま安藤組事務所へ寄った。

西原が激怒した。すぐ人数を集め、三本杉一家の事務所へ押しかけたが、留守なのか応答がなく、この夜は引き上げた。

そして、翌七日。道玄坂の喫茶店『ライムライト』で、西原ら主だった人間が集まって、今後の方針について話し合った。意見は分かれた。命を狙われた三本菅は強硬意見で、西原もこれに同調したが、矢島武信は反対した。安藤が帰ってきたばかりで静養中であることを気づかったのだ。それに、抗争になれば仮釈は取り消される。そう言われれば、誰も返す言葉がなかった。

「社長の耳に入らないうちに話をつけたほうがいいぜ。段取りは俺がする」

と矢島が言って、三本杉一家に電話をした。矢島は立教大学出身で、西原と同じようにヤクザらしからぬ童顔だったが、ボクシング部出身でケンカは強かった。新宿に事務所を持ち、これも西原同様、人望に厚い好漢だった。

話し合いは本日——十一月七日土曜日の午後六時、神宮外苑にあるレストラン『外苑』と決まった。会うのは二対二。お互い〝道具〟は持たないという約束だった。

西原と矢島が店に入っていき、三本菅と桑原一平が外に停めたクルマで待機した。

空手とボクシングと腕に自信があったことがわざわいしたのか、あるいは二人の真っ直ぐな性格がそうさせたのか。約束どおり丸腰で出かけ、西原は射殺され、矢島はドスで斬られて重傷を負う。話し合いがもつれ、西原と矢島が激高したため、相手二人は恐怖にかられ、隠し持っていた拳銃とドスで応戦したのだった。

事件の様子を朝日新聞は、『安藤組の二人を殺傷　錦政会の三人が乗り込む』という見出しで、こう生々しく報じた。

《きびしい取締りに追われた暴力団が複雑な利害関係のナワ張りを死守しようとするあがきから七日夜、東京の青山でピストルを使った凶悪な殺傷事件を引起し一人が死亡、一人が重傷を負った。流れ弾が現場近くのビルに飛込み、関係のない人をかすめるという危険も伴った。犯人三人のうち二人は同夜間もなく自首、一人も逮捕されたが、警視庁捜査四課など捜査当局は、人々の出入りが多いレストラン内での事件として重視、同夜ただちに赤坂署で緊急捜査会議を開き、背後関係の徹底的な究明に乗出すとともに、不穏な動きも予想されるので防弾チョッキに身を固めた機動隊員が関係個所の警戒に当った》

というリードのあと、本記が続く。

《同夜八時ごろ、港区青山北町四ノ二二レストラン「外苑」＝山田駒子さん（三六）経営＝の二階の客席で、渋谷区南平台二〇バク徒錦政会渋谷支部（岸悦郎支部長）の組員中稲隆彦（二三）小泉務（二一）桜井正美（二六）と、同会と渋谷でナワ張り争いをしているグレン隊安藤組（安藤昇組長）の組員西原健吾さん（三一）同矢島武信（三一）とが話をしているうちに、突然激しい口論となり、安藤組側の矢島がイスをふりあげた。このため錦政会側の桜井がかくし持った短刀で矢島を刺し、さらに中稲が西原さんめがけてピストルを続けざまに四発発射、うち三発が西原さんに当った。錦政会側の三人はそのまま外に待たせてあった乗用車で逃走した。

　同店から一一〇番で赤坂署に急報、かけつけた同署員が西原さんを近くの本間外科に、矢島を渋谷病院へ運んだが西原さんはノド、左胸、右腕などを撃たれて同八時半ごろ死亡、矢島は頭などを切られて重傷。

　同署は、暴力団のナワ張り争いによる殺人事件として警視庁捜査四課、同一課初動捜査班、機動捜査隊、鑑識課などの応援を求め、逃げた中稲らの行くえを追及していたところ、間もなく渋谷署へ電話で「さっきの事件はわれわれがやった」と中稲から自首の届けがあった。

　事件の手配を受けていた渋谷署からすぐ南平台の錦政会事務所へ係員が急行、同事務所にいた中稲と小泉を殺人容疑で緊急逮捕、付近のいけがきの中に捨ててあった回転式中型ピストル、SW三八口径「スペシャル」（実包五発装てん）と、事件現場の近くの公衆便所から血のついた刃渡り二十二センチ瀬の柳刃包丁一本を発見押収した。

　さらに逃げていた桜井も、同夜十一時二十分ごろ、錦政会渋谷支部の事務所に現れたところを同じ容疑で逮捕された。

捜査当局の調べに対し、中稲ら三人は「錦政会の渋谷支部に安藤組側から〝昨夜のことで今夜、話をつけよう〟と七日夜、電話がかかり、三人で乗用車で〝外苑〟へ乗込んだ。客席のテーブルをはさんで安藤組側と対決しているうちに〝お前らが出てこなければ昨夜のようなことはなかった〟〝お前らこそ何をいっている〟などのやりとりをしたあげく凶行になった」とのべている。

前夜の事件というのは、六日夜十一時半ごろ、渋谷区渋谷の映画館「メトロ」前で安藤組員と中稲がたまたま出会い、ささいなことからなぐる、けるの大ゲンカとなり、ヤジ馬が集ったので両方とも、いったん引揚げたというもので、その結末は七日に持越していたという。

なお調べだと、逮捕された中稲ら三人は「外苑」から逃げようとして外の乗用車へ乗込んだところ、たまたま別の車に追突されたので警察に追われていると早合点、あわてて南平台の事務所に帰ったが「このままではどんな仕打ちを安藤組から受けるかわからない」と思い自首の電話をかけた、といっている。

一方、事件現場の聞込みでは「外苑」にはいって来たのは、五人ではなく六人だった、という証言もあるので、ほかにも共犯者が一人いるのではないかとみて、追及している。

また当局では負傷して入院中の矢島武信についても病状の回復をまって暴力行為処罰法で逮捕する方針を決めた。

渋谷地区は、戦後間もないころから安藤組の地盤だったが、去る三十三年六月、東洋郵船横井英樹社長襲撃事件で安藤昇組長ら幹部ほとんどが殺人未遂の疑いなどで検挙され勢力を失った。ちょうどそのころ、静岡から勢力を伸ばして神奈川、東京の城南地区に浸透してきた錦政会が渋谷の南平台に陣どり、安藤組の息のかかっていたパチンコ屋などを直接配下におさめ、強引に地盤を荒した。

ところが安藤昇組長は一カ月前に出所、一方、相つぐ手入れで錦政会側は、支部長の岸悦郎がそのころ恐カツ容疑で検挙されるなど、痛手をこうむった。このため、失地回復をねらう安藤組が、にわかに活発な動きをみせ、このところ不穏な状態にあった。

事件発生の現場「外苑」は以前、深夜喫茶に似た営業をしていたが、去る八月初め風営法改正条例でレストランに看板を替えたところ。暴力団関係の出入りが目立ち、赤坂署も警戒していた。》

さらに同紙は別掲として、次のような解説を書いている。

《七日夜の東京・赤坂でのバク徒錦政会とグレン隊安藤組の出入り事件は、警察の本格的取締りに自粛声明まで出し息をひそめたかにみえた暴力団が、裏面で依然として激しいナワ張り争いをつづけ、ピストルなどの凶器の準備もやめていないという、凶悪な実態をまざまざとみせつけた。

全国的には昨年まで増加していた暴力団の勢力争いの抗争事件は、警察の取締りのためか、今年になって減少気味（今年一－七月）四十七件で昨年同期より八件減）で、大きな事件は関西、中国に集中していた。とくに東京では今年六件起った対立抗争事件で、ピストルまで乱射し合ったことはこんどがはじめて。

そして全国的に抗争事件は、具体的な利権の争いより、一定の地域内で勢力の優位を獲得しようとする目的のために起っているといわれ、こんどの事件はその典型とみられる。》（朝日新聞11月8日付）

西原の葬儀は、大田区蒲田で建築資材会社を経営する実兄の家で執り行われた。

國學院大學空手部と応援団の後輩たちが、ガクランに白い手袋を着用して整列した。

組の若い者と、國學院の後輩にあたる学生たちの列が続いた。小倉から急を聞いて駆けつけた母親と実姉が祭壇に向かって合掌している。

安藤は祭壇を見上げた。西原の遺影はにこやかに微笑んでいる。十年前、事務所に訪ねて来たときの笑顔そのままだった。

――ヤクザになってどうする気だ。

――路地の裏口から入って、玄関から広い表通りに出ます。

――なんだ、それ。

暴力団 ピストル乱射

青山のレストランでけんか

安藤組の二人を殺傷

錦政会の三人が乗込む

激しいナワ張り争い

暴力団がピストルを乱射した東京・青山のレストラン「外苑」

流弾が向いのビルへ

会議中の五人、命びろい

自賛声明も
うわべだけ

演歌師二人刺殺さる

「歌が下手だ」といわれ

昭和39年11月8日(日)西原健吾の死亡を伝える朝日新聞の記事。

――ヤクザは裏口です。まずヤクザになり、力を蓄え、その力を利用して今度は玄関から堂々と実業界に出て行きます。

――どこでそんなことを考えたんだ。

――たったいまです。

思わず吹き出してしまったときの会話を思い返していた。

読経のなかを焼香の列が続く。

最後のお別れになった。僧侶が棺桶の上の錦布をはずし、棺《ひつぎ》の蓋《ふた》を丁重に開ける。安藤が立ち上がって西原を見る。穏やかな表情は、声をかければ目を開けるようだった。弾痕を隠すため、首筋には真っ白なガーゼが巻かれている。祭壇の花を手渡され、会葬者たちが西原の身体を埋めていく。

「健ちゃん！」

母親がすがりついて、西原の顔を撫でながら語りかける。

「健ちゃん、どうしてこんな姿になったの。お母さんですよ、わかるわね、痛かったろうね……」

安藤は正視できなかった。夫を戦争で失い、母親が女手一つで育て、苦労して大学まで出した。郷里では自慢の息子だっただろう。それがまさかヤクザになり、射殺されようとは……。

安藤は針のムシロに耐えていた。

霊柩車がクラクションをひときわ大きく鳴らし、火葬場へと向かう。安藤の前を霊柩車がゆっくりと通り過ぎていく。遺影を胸に抱いた母親の横顔は放心して見えた。

「安藤さん」

女性の声に安藤が振り向くと、お腹の大きい女性が頭を下げていた。

「文恵と申します。西原健吾の家内です」

と告げた。

「あなたが」

西原から女と住んでいるという話は聞いていたが、会うのは初めてだった。

「このたびは」

と安藤が言いかけるのを遮るように、

「健ちゃんは、あなたにあこがれていました。花形さんは大好きで、安藤さんには心酔ということでしょうか。どうして安藤さんにあこがれているのか聞くと、女に話してもわからないって。健ちゃんは、安藤さんや花形さんと出会えて、本当に幸せだったと思います。お二人のことを話すときは目をきらきらと輝かせて……。健ちゃんは、風になって大空へ飛んでいったような気がしています。私たちを置いて」

私たち――という言葉に、安藤は彼女のお腹に目をやった。

一つの命が散り、一つの新しい命が生まれようとしている。

安藤が顔を上げると、組員たちが目を血走らせて、安藤の指令を待っている。安藤の目配せひとつで、新たな抗争が始まる。もう、西原一人でたくさんだ。このとき安藤は解散を決意するのだった。

葬儀が終わり、一段落して、安藤は福岡県北九州市八幡西区元城町へ足を運んだ。黒崎駅から車で十分ほど細い道を上っていく。西原の実家に寄って挨拶をすませると、すぐ近くにある西原家の墓前に手を合わせ、持参した杉の苗を植樹した。

二〇二〇年開催の第二回東京オリンピック・パラリンピックが正式決定され、大会組織委員会が発足するのは、奇しくも西原が激死した昭和三十九年の第一回東京オリンピックから数えて、ちょうど五十年の節目に当たる。

日本が戦後の混乱期から高度経済成長をひた走る時代、西原は疾風のように駆け抜けていった。

昭和三十九年十二月九日、安藤組は解散する。

――西原健吾が激死して、五十余年。本書は、彼にまつわるエピソードの断片を拾い集め、再構築し、関係者の記憶と資料の及ばざる間隙《かんげき》は、小説的手法で埋めた。

あとがき

本書の執筆にあたり、生前の西原健吾氏を知る多くの方々にご協力を賜り、ここに改めてお礼を申しあげます。

とりわけ、國學院大學空手道部ＯＢ会で、長年、事務局長を務められた奈良泰秀氏、日本大学キックボクシング部元監督で、西原氏が日本人空手家としてムエタイ初挑戦したという情報を寄せてくださった大森敏範氏、國學院大學キックボクシング部ＯＢの林武利氏、さらに、西原氏を知る國學院大學空手道部の方々にお集まりいただいたほか、空手道部ＯＢ諸氏から、西原氏の知られざる空手部時代のエピソードをお聞かせいただいた。

キックボクシング、ムエタイ研究家の中岡たかゆき氏には、西原氏のムエタイ挑戦に関して貴重な資料とアドバイスを頂戴した。また中岡氏を介し、自著の転載をこころよく承諾してくださったムエタイ歴史研究家のアレックス・ツイ氏に、この場を借りてお礼申しあげます。

安藤組時代の西原氏に関して、堀江事務所の堀江成雄氏、大行社特別相談役の三本菅啓二氏、中川正人氏、早川文郎氏ほか、多くの方々に貴重なお話をおうかがいした。感謝とお礼を申し上げます。

そして最後に、構成について助言を頂戴しながら、刊行を待たずして逝かれた安藤昇氏に本書を捧げたいと思います。

向谷匡史

向谷匡史 むかいだに ただし

１９５０年、広島県呉市出身。拓殖大学を卒業後、週刊誌記者などを経て作家に。浄土真宗本願寺派僧侶。日本空手道「昇空館」館長。保護司。安藤昇事務所（九門社）時代から20余年にわたって安藤氏の秘書役を務める。主な著作に『田中角栄 相手の心をつかむ「人たらし」金銭哲学』（双葉社）、『名僧たちは自らの死をどう受け入れたのか』（青春出版）、『ヤクザ式 最後に勝つ「危機回避術」』（光文社新書）、『ヤクザ式 ビジネスに勝つ心理術辞典』（文庫ぎんが堂）、『安藤昇90歳の遺言』（徳間書店）など多数ある。

［向谷匡史ホームページ］
http://www.mukaidani.jp

ブックデザイン：塚田男女雄（ツカダデザイン）

安藤組幹部
西原健吾がいた
花と銃弾

発行日　2016年9月4日　第1刷発行
　　　　2021年7月21日　第3刷発行

著　者　**向谷匡史**

編集人
発行人　**阿蘇品蔵**

発行所　**株式会社青志社**
〒107-0052 東京都港区赤坂5-5-9 赤坂スバルビル6階
（編集・営業）Tel : 03-5574-8511　Fax : 03-5574-8512
http://www.seishisha.co.jp/

印　刷
製　本　**中央精版印刷株式会社**

ISBN 978-4-86590-031-6 C0095